Couverture inférieure manquante

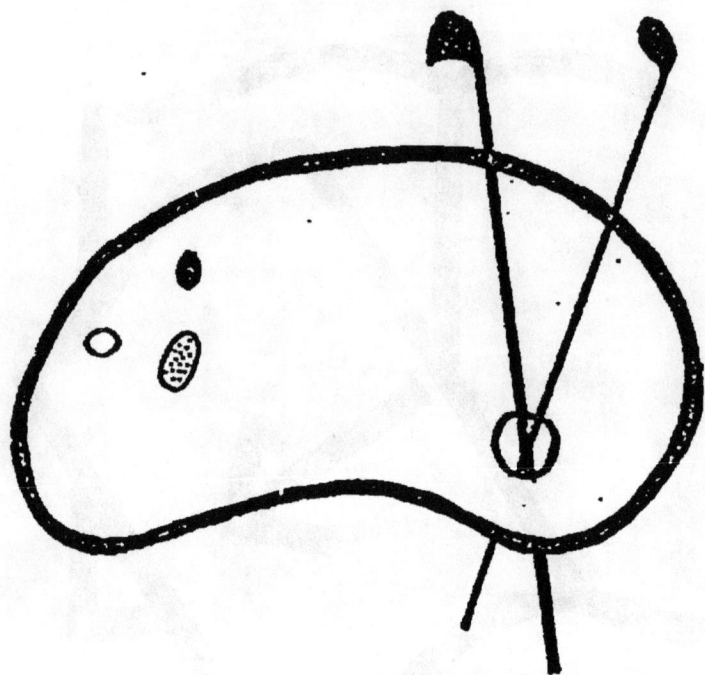

DEBUT D'UNE SERIE DE DOCUMENTS
EN COULEUR

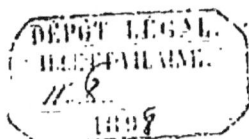

L'ÉGLISE ABBATIALE
DE LEHON

EN M.DCCC.XCVII

LA CONSÉCRATION.

LES VITRAUX. — LES TOMBEAUX.

LA RUINOMANIE.

PUBLIÉ PAR

L'ABBÉ FOUÉRÉ-MACÉ

Recteur de Lehon

Chanoine honoraire. — Officier d'Académie.

PRÉCÉDÉ D'UNE PRÉFACE DE M. ARTHUR DE LA BORDERIE

Membre de l'Institut.

RENNES

HYACINTHE CAILLIÈRE, ÉDITEUR

2, place du Palais.

1898

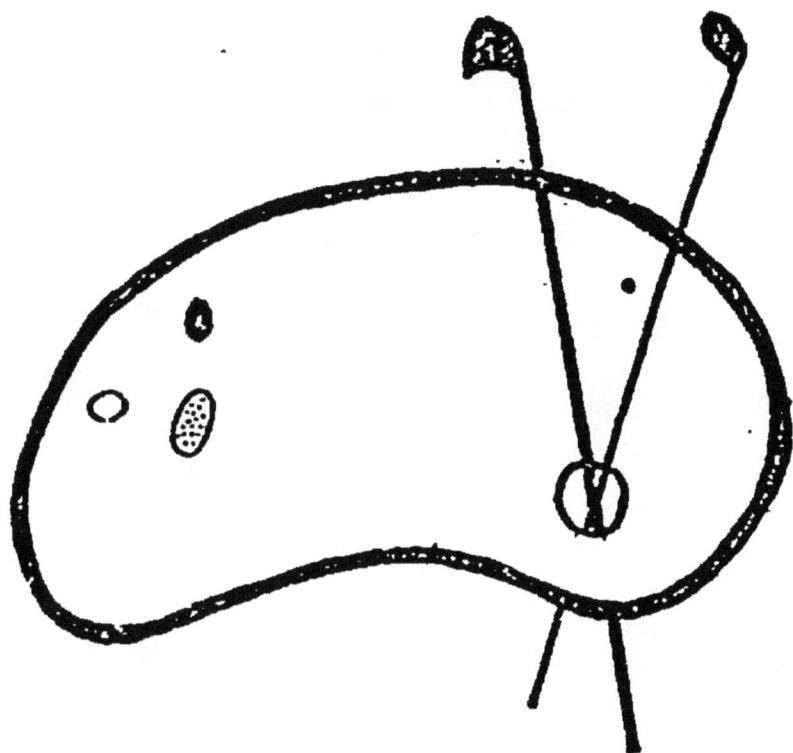

FIN D'UNE SERIE DE DOCUMENTS
EN COULEUR

L'ÉGLISE ABBATIALE DE LEHON

L'ÉGLISE ABBATIALE
DE LEHON
EN M.DCCC.XCVII

LA CONSÉCRATION.
LES VITRAUX. — LES TOMBEAUX.
LA RUINOMANIE.

PUBLIÉ PAR

L'ABBÉ FOUÉRÉ-MACÉ

Recteur de Lehon
Chanoine honoraire. — Officier d'Académie.

PRÉCÉDÉ D'UNE PRÉFACE DE M. ARTHUR DE LA BORDERIE
Membre de l'Institut.

RENNES
Hyacinthe Caillière, Éditeur
2, place du Palais.

1898

PRÉFACE

La première fois que je visitai Lehon — il y a bien longtemps hélas! — je fus saisi immédiatement par la poésie du site : ces pentes rocheuses qui montent jusqu'au ciel, cette montagne couronnée de tours ébréchées, cette gorge profonde toute parée de verdure, au fond de laquelle une rivière calme et limpide pousse à petit bruit sous les arches d'un vieux pont son onde fraîche et discrète, et surtout, au bord de cette rivière, au fond du vallon, le cadavre encore palpitant de l'antique église abbatiale, — tout cela, dès qu'on l'a vu, impossible de l'oublier.

J'ai dit cadavre et non ruine, même cadavre palpitant, car ils vivaient encore ces murs sacrés de la basilique lehonienne, ils dressaient fièrement leurs lignes correctes dans l'azur du ciel, comme pour réclamer la voûte dont des mains profanes leur avaient ravi la protection. Avec ses voussures profondes, ses arcades concentriques, ses élégantes colonnettes, il était toujours debout et intact le beau portail roman, type de l'architecture romano-gothique de transition, toujours son plein-cintre gracieux et solennel à la fois sollicitait les chrétiens d'entrer dans le temple. Toujours aussi, par sa baie immense, la grande fenêtre du chevet versait dans le sanctuaire les rayons d'or du soleil levant, pendant que les fenêtres de la nef, veuves de leurs vitraux mais garnies encore de leurs méneaux et de leurs colonnettes, inspectaient d'un œil curieux les rochers, les arbres, la rivière.

Si l'édifice, moins la voûte, restait encore droit, fort, vivant, presque intact, à l'intérieur le temple était bouleversé, ravagé, désolé ; plus de dallage ni de vitrage, tous les autels détruits, les tombes éventrées, les statues tumulaires enlevées ou brisées, et la ronce tout à son aise trônant sur ces débris.

Malgré cette lamentable décadence, la vieille basilique était encore — comme elle sera toujours — le centre et le cœur, non seulement de la bourgade blottie sous son aile, mais de toute la belle vallée et de tout le radieux paysage semé alentour. Cette basilique représente en effet toute la tradition, toute l'existence chrétienne et bretonne de la contrée, elle en exprime le sens intime, elle en résume et en contient toute l'histoire.

Par son vénérable patron saint Magloire, elle remonte aux origines de notre Bretagne — quand les Bretons de l'île venaient, dans des barques d'osier, coloniser l'Armorique et en faire la Bretagne armoricaine.

Par son fondateur Nominoë, elle touche à la grande époque du IX⁰ siècle, aux exploits héroïques des Bretons qui assurèrent l'indépendance de la Bretagne et fondèrent sur une base inébranlable la nationalité bretonne.

Lors des invasions normandes, Lehon donne asile pendant quelques jours aux reliques bénies de nos vieux saints bretons, aux corps saints de toute la Bretagne, contraints de s'exiler au loin pour échapper aux profanations des affreux païens.

Puis au siècle suivant, sur les tristes ruines faites par les pirates normands, les moines Bénédictins, à Lehon comme en bien d'autres contrées, viennent relever la civilisation chrétienne. Ils rétablissent l'abbaye; au XII⁰ siècle, ils élèvent cette belle église conservée jusqu'à nos jours; au XVII⁰, ils l'illustrent par les miracles et les vertus extraordinaires du bienheureux Noël Mars, et jusqu'à la suppression du monastère, au spirituel comme au temporel, ils comblent le pays de bienfaits.

Comment oublier encore cette curieuse chapelle *des Beaumanoir*, accolée au chevet de l'église de Lehon au XIV⁰ siècle pour recevoir les enfeus de cette fière race, à commencer par l'illustre maréchal de Bretagne Beaumanoir *Bois-ton-sang*, chef de la bataille des Trente, résumant en lui, pour ainsi dire, l'héroïsme de toute la chevalerie bretonne?

Voilà donc ce que la vieille basilique lehonienne exprime, enseigne, symbolise. Aussi dès le premier jour où je pus contempler ses murs si droits, si forts, si solidement plantés, je formai aussitôt le vœu ardent de la voir le plus tôt possible réparée avec intelligence et rendue au culte, pour transmettre aux générations futures les enseignements de cette forte tradition chrétienne et bretonne dont elle est la vivante expression.

· La réalisation de ce vœu s'est fait un peu attendre; pourtant elle était dans l'air, car dès que le remplacement de l'église paroissiale (tombant de vétusté) devint nécessaire, le maire et le recteur de Lehon songèrent de suite, au lieu de la reconstruire, à transférer la paroisse dans l'église abbatiale[1]; en même temps, les Frères de Saint-Jean de Dieu, *les Frères de la Charité* par excellence, qui possèdent dans cette paroisse l'admirable établissement des Bas-Foins (ou asile des Sacrés-Cœurs), offrirent leur généreux concours pour rétablir la basilique bénédictine de Lehon, et l'on sait comme ils ont tenu cette promesse[2].

De leur côté, les possesseurs de l'église abbatiale

1. Voir ci-dessous p. 10, 11.
2. Voir ci-dessous p. 33, 34.

et de la chapelle des Beaumanoir, les donnèrent
libéralement l'une et l'autre à la commune de Lehon
pour y mettre son église paroissiale[1].

Pour profiter de toutes ces bonnes volontés il
fallait un homme, un homme de tête, de cœur,
d'intelligence, capable de former un plan et de diri-
ger un telle entreprise, de parer à l'imprévu, de
tenir tête aux obstacles et de les surmonter, car,
bien que tout l'édifice, sauf la voûte, subsistât dans
son gros œuvre et dans tous ses ornements principaux, portail, meneaux, colonnes et colonnettes, pilastres, chapiteaux, etc., j'ai dit plus haut quelle
dévastation en avait ravagé l'intérieur, c'est-à-dire
quelles longues, multiples et délicates réparations
on devait y appliquer — sans parler d'un mobilier
complet apparié au style de l'édifice — pour en faire
une véritable église, un vrai temple du Seigneur.
Il fallait aussi un homme de goût, décidé à proscrire
sans pitié, dans cette œuvre de relèvement, ce qui
s'écarterait du style pur, sobre, élégant de l'architecture de transition. — Tout cela, rude tâche pour
qui en serait chargé.

Enfin cet homme se rencontra : c'est M. l'abbé
Fouéré-Macé, recteur de Lehon, chanoine honoraire
de Saint-Brieuc. J'ai pu suivre en grande partie ses
travaux, ses efforts, ses épreuves; j'ai été témoin

1. Ci-dessous p. 10 et 29.

de sa constante et ardente sollicitude pour le maintien intégral, au dedans et au dehors, dans les réparations intérieures et dans le mobilier, du pur style architectonique et artistique des xii⁰ et xiii⁰ siècles. Si, par impossible, on venait à découvrir çà et là, dans des détails secondaires, quelques rares disparates, j'affirme qu'il n'en est pas responsable et qu'elles sont uniquement dues à des circonstances indépendantes de sa volonté : je tiens à lui rendre ici ce témoignage. En tout cas, elles ne sauraient altérer l'harmonie et le grand caractère de l'œuvre.

Comme le vaillant laboureur qui, après avoir tracé ses sillons, semé, sarclé et soigné son blé par toute saison, se sent la joie au cœur quand il peut présenter, aux grands-juges des concours agricoles, une belle récolte, — M. le recteur de Lehon, après avoir rudement peiné pendant plus de douze ans — 1885 à 1897 — a eu cette année même la satisfaction de présenter sa moisson, c'est-à-dire, l'abbatiale de Lehon relevée, voûtée, décorée, dans l'élégance et l'harmonieuse ampleur de son beau style, — il l'a présentée, dis-je, aux juges compétents, à Mᵍʳ l'évêque de Saint-Brieuc et à ses collègues les évêques de Moulins et de Clermont, au clergé de Bretagne, aux chrétiens et aux artistes de toute la région et de toute la France, et Dieu sait combien la belle cérémonie de la consécration (8 juillet 1897) en avait attirés, venus là de tous les côtés. Dans cette foule, tous ceux qui ont vu en son état actuel l'abbatiale de Lehon en ont été, non seulement satisfaits, mais charmés.

Voici maintenant que M. le recteur de Lehon veut faire participer à ces belles fêtes ceux qui n'y ont pu assister. Dans le présent livret — *l'Église de Lehon en 1897,* — il a réuni tous les récits et toutes les appréciations de la presse, d'abord sur la consécration et l'ensemble de l'église, — puis en particulier sur les vitraux dont il l'a ornée, et certes il a bien fait d'attirer sur cette œuvre d'art l'attention du public, car par le choix des sujets, par la pureté du style XIII° siècle, par la beauté de la couleur et le fini de l'exécution, ces verrières sont simplement un chef-d'œuvre [1].

M. le recteur de Lehon a cru bon aussi de faire connaître au public un coup d'audace qui ne lui a pas trop mal réussi, mais dont le succès jusqu'ici n'est pas complet. Vers l'année 1843, la ville de Dinan, sans demander permission à personne, avait fait enlever de l'église abbatiale de Lehon et de la chapelle des Beaumanoir six statues tumulaires des XIV° et XV° siècles, et les avait déposées dans son Musée [2]. M. le maire et M. le recteur de

---

1. Voir ci-dessous p. 52 à 65, et aussi la jolie plaquette de M. Fouéré-Macé illustrée par M. Géniaux, intitulée : *Les Vitraux de l'église abbatiale de Lehon,* Rennes, Caillière, 1897, in-8°.

2. L'initiative de cet enlèvement fut prise, dit-on, par feu M. Odo-

Lehon les ont réclamées à la ville de Dinan : après une délibération un peu confuse, le Conseil municipal dinannais en a voté la restitution. Vote qui fait grand honneur à MM. les conseillers municipaux de Dinan, car dans notre beau pays de France, dès qu'une administration, quelle qu'elle soit, s'est emparée de quoi que ce soit par un moyen quelconque, fût-ce comme ici sans nul droit, elle se fait au contraire un point d'honneur de ne rien rendre. — Du reste, la ville de Dinan, malgré le vote, n'a encore rien rendu. Mais le Conseil municipal, nous n'en voulons pas douter, tiendra à ce qu'une décision si honorable pour lui ne demeure pas lettre morte[1].

Lehon en 1897 se termine par un chapitre intitulé *la Ruinomanie*, contenant les pièces d'un procès dans lequel j'ai plaidé; je dois me borner par conséquent à y renvoyer le lecteur[2].

Bref, ce livret, composé de pièces et de matières variées, est fort agréable; il retrace, avec sa physionomie et tous ses traits caractéristiques, un événement important, non pas seulement pour l'histoire de Lehon, mais pour l'histoire religieuse et monumentale de toute la Bretagne. C'est un nouveau

ici; mais il agissait comme directeur du Musée, par conséquent comme agent de la ville; ce qui le prouve, c'est qu'il déposa les statues dans le Musée communal, où elles sont restées depuis lors.

1. Voir ce qui regarde *les Tombeaux* ci-dessous p. 67 à 80.
2. Ci-dessous p. 81 à 90.

service rendu par M. le recteur de Lehon à cette histoire, et dont tous ceux qui s'y intéressent lui seront reconnaissants.

ARTHUR DE LA BORDERIE,

Membre de l'Institut.

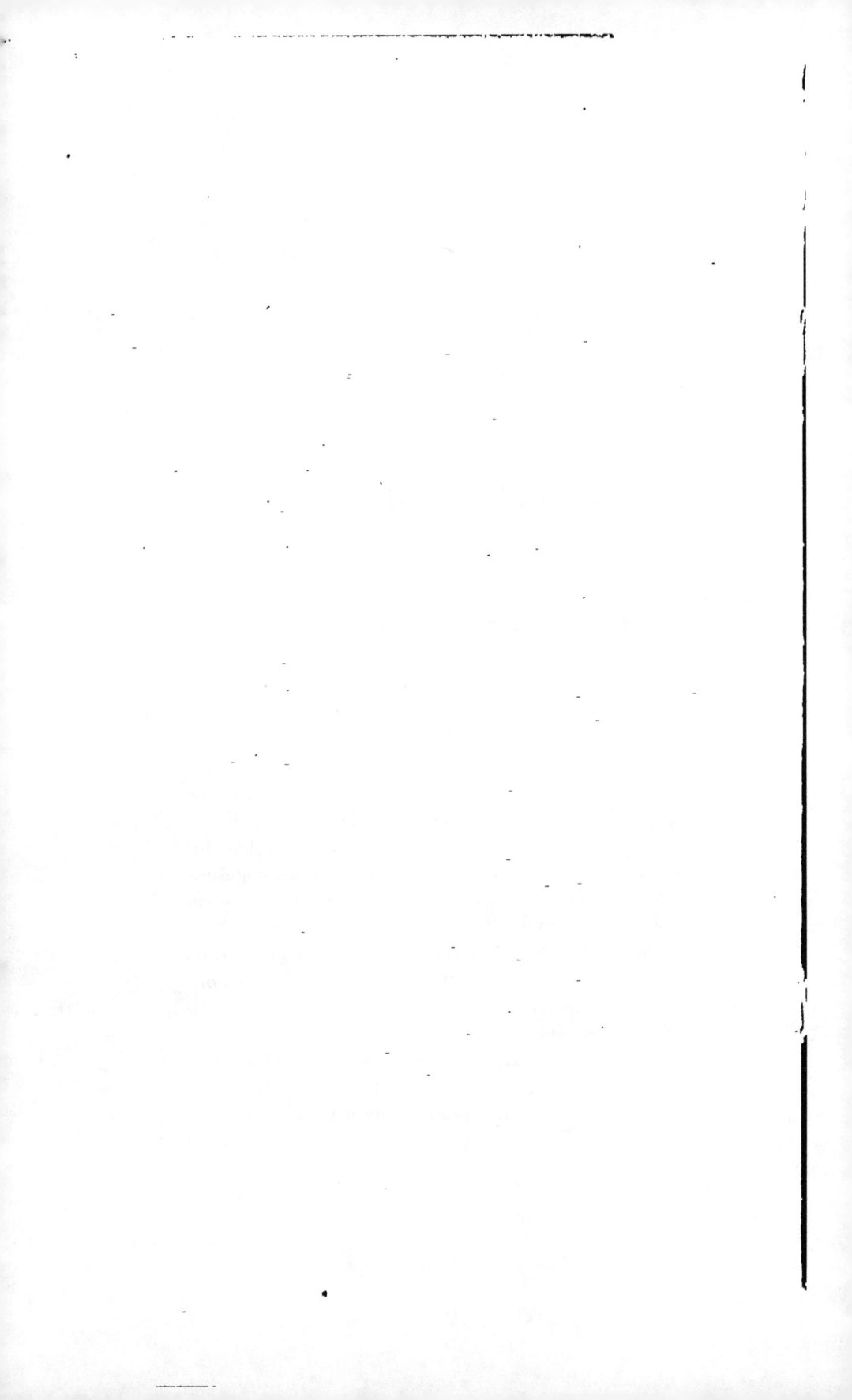

I

CONSÉCRATION DE L'ÉGLISE ABBATIALE

Consécration de l'église de Lehon.

Une grande œuvre touche à son terme. Grâce aux secours des Frères de Saint-Jean-de-Dieu, la noble et grandiose ruine de la chapelle du Prieuré royal de Lehon a été restaurée et la vieille et branlante église de la paroisse va disparaître. Le dessein de M. l'abbé Fouéré-Macé, recteur de Lehon, est donc réalisé. En ce moment il fait placer de magnifiques verrières dans les immenses fenêtres. Celle qui domine le maître-autel est particulièrement remarquable : c'est tout un poème ou plutôt tout un livre d'histoire. Elles sont d'une parfaite exécution et sortent de la maison Vermonet-Pomery, de Reims, qui a fait les vitraux de Notre-Dame de la Fontaine, à Saint-Brieuc.

Le couronnement de cette œuvre sera la consécration solennelle de ces murailles renouvelées par Mgr Dubourg, évêque de Moulins. Le zélé prélat, pour encourager le prêtre érudit et dévoué qui a rendu à Lehon son passé historique et son glorieux et antique monument de pierre, s'est engagé à réserver un jour de ses *vacances* en Bretagne à cette solennelle cérémonie. Monseigneur notre évêque, au cours de son récent séjour à Lehon, pendant ses visites pastorales du doyenné de Saint-Malo, a promis de présider cette fête, qui aura donc un extraordinaire éclat.

(Semaine Religieuse de Saint-Brieuc du 26 mars 1897.)

L'Abbaye de Lehon.

DINAN. — Une belle fête a eu lieu aujourd'hui à Lehon, près Dinan.

L'antique abbaye des Bénédictins de Lehon, complètement restaurée et devenue église paroissiale, était consacrée par Mgr Dubourg, évêque de Moulins, ancien vicaire général de notre diocèse. A ses côtés assistaient Mgr Belmont, évêque de Clermont; Mgr Fallières, évêque de Saint-Brieuc, et le P. Bernard, abbé mitré de la Trappe de Thymadeuc.

Cette restauration a eu lieu grâce au concours généreux des Frères Saint-Jean-de-Dieu, qui dirigent, en Lehon, un asile d'aliénés, et de plusieurs autres familles dévouées. A l'issue de la consécration, un très beau banquet a eu lieu dans une des salles de l'antique monastère, décorée de souvenirs de chevalerie par M. de la Bigne, capitaine au 24e dragons. De nombreux toasts ont été portés et une lettre de félicitations de M. de la Borderie, de l'Institut, a été lue.

L'abbaye de Lehon deviendra un lieu de pèlerinage pour tous les touristes venant à Dinan. Elle renferme de

— 3 —

précieux souvenirs historiques et de magnifiques vitraux
retraçant l'histoire de l'abbaye.

(Le *Figaro*, 9 juillet 1897.)

(Cet article du *Figaro* a été reproduit par l'*Indépendance Bretonne* du 12 juillet 1897.)

Consécration de l'église abbatiale de Lehon.

Jeudi dernier, c'était grande fête à Lehon. Dès les premières heures, sous un clair soleil, dévalaient par tous les chemins des foules joyeuses. Le rendez-vous valait cette peine. Des avenues de verdure, des arcs-de-triomphe, des guirlandes et des drapeaux aux couleurs brillantes; tout cela, dans le désordre des maisons et des ruelles, attachait sur la vieille bourgade une parure de jeunesse qui donnait à ses rides un aspect original et charmant. Le ciel souriait, les ruines brillaient, les cœurs exultaient : c'était bien une fête de résurrection.

Longtemps on l'attendit, cette fête. Là où la vie est revenue, ce fut la mort pendant près d'un siècle. Il n'a pas fallu moins de patience à la charité pour reconstruire l'œuvre des anciens moines, qu'il n'en fallut au temps qui s'acharne contre tout et à la malignité des hommes qui ne respecte rien pour la détruire. Par cette baie, de si grandioses proportions, qu'ornent aujourd'hui les splendides vitraux que nous admirons, longtemps les oiseaux du ciel ont eu leur libre envolée; et là où s'élance la voûte aux lignes harmonieuses que le Frère Vincent-de-Paul a jetée d'une main savante, d'une main d'ouvrier, selon le terme consacré, pendant bien des années s'est élancée la folle végétation des arbres. Deuil de l'autel, deuil de l'image de Jésus-Christ, deuil des tombes éventrées, deuil des moindres richesses architecturales, c'était partout ruines sur ruines.

Aujourd'hui, comme d'un tombeau, l'église abbatiale s'élève dans sa beauté reconquise. Elle a repris le grand air que lui donnaient les lignes sévères de son architecture romane. Des vitraux rayonneront bientôt à toutes ses fenêtres, semant de gloires ses larges murailles. Dans les enfeus, les tombes sont reconstruites. Une chaire artistique, de granit blanc, sculptée sur le dessin de celle dont on admire encore les débris dans l'ancien réfectoire conventuel; l'autel dû au même ciseau que la chaire[1]; enfin la chapelle mortuaire des Beaumanoir restaurée, elle aussi, et dont le style élégant réjouit et retient le regard presque autant que l'église elle-même : tout cela, je le répète, c'est la résurrection.

Comment s'est opérée l'heureuse transformation?... Ce n'est pas à nous de le dire. Nous la constatons, nous nous en réjouissons, et nous voudrions, dans cet article forcément insuffisant, donner une idée de la belle fête qui vient de la consacrer.

Trois évêques et le R. P. Abbé de la Trappe de Thymadeuc se sont rencontrés à Lehon pour la circonstance : Mgr Fallières, évêque de Saint-Brieuc, qui tenait à cœur de récompenser par sa présence douze années de travaux, de fatigues, d'ennuis de toutes sortes, chez un de ses prêtres les plus méritants; Mgr Dubourg, évêque de Moulins, si heureux chaque fois qu'il peut lui-même faire un heureux dans son diocèse d'origine et qui, dans ce but, avait bien voulu accepter les fatigues de la céré-

1. M. Hébert, dont le talent égale la modestie.

monie de consécration; puis, amené providentiellement
pour ainsi dire par M. l'archiprêtre de Saint-Sauveur,
Mgr Belmont, le vaillant évêque de Clermont, l'évêque
des Croisades, comme on le nomme, et qui, par sa con-
duite vraiment épiscopale en face de l'inique loi contre
les Congrégations religieuses, vient d'avoir l'insigne
honneur d'être condamné *comme d'abus* par le Conseil
d'État, sur la dénonciation d'un ministre quelconque.

Dès huit heures, la cérémonie commence, et pendant
toute la matinée la foule va affluer toujours plus pressée,
saintement curieuse. Tous les regards suivent l'évêque
consécrateur, assisté de MM. les abbés Dupré, Le Gros
et Brebel, sous la direction de MM. le chanoine de la
Villerabel et Nomy, pendant l'exécution des différents
rites, au symbolisme si éloquent, qui constituent la prise
de possession par Notre-Seigneur Jésus-Christ d'une
nouvelle église. Bientôt, purifiés et embaumés par la
vertu de l'onction sainte, ces murs vont devenir le
temple de Dieu, cet autel va devenir le trône digne de
recevoir Jésus-Christ Eucharistie, la Table du Sacrifice
par excellence, la source des grâces sans nombre, qui
sur Lehon, son pasteur, ses habitants, ses intérêts, se
répandront à flots miraculeux.

L'église est consacrée. Le Saint-Sacrifice de la messe,
dans un moment, y sera célébré. Mais, avant, il faut que
M. le recteur de Lehon, le bon ouvrier, offre à Monseigneur et au diocèse son œuvre enfin accomplie. Il le fait
dans un langage riche de pensées élevées, qu'il puise
dans sa grande science et dans son cœur ému de prêtre.
Dans une large synthèse, il raconte l'histoire de l'église
abbatiale, son origine, les disputes humaines autour de
ses murs bénis, les siècles de prière et de sainteté dont
elle a été le témoin: il dit comment, après les années de

délaissement, elle devint la propriété de la commune de Lehon, par un don généreux de Mmes Marin et Depaul; l'heureuse idée, aussitôt acceptée, que M. Louis Chupin, l'intelligent et regretté maire de Lehon, eut de la reconstruire pour servir d'église paroissiale; la charité, le dévouement à toute épreuve des chers Frères de Saint-Jean-de-Dieu; puis il termine en demandant à Notre-Seigneur Jésus-Christ, qui va reprendre possession de ce temple, toutes ses bénédictions pour sa paroisse et pour lui-même, afin que pasteur et brebis restent fidèles à tous leurs devoirs. « *Orantibus in loco isto, dimitte peccata populi tui, Deus, et ostende eis viam bonam per quam ambulent et da gloriam loco isto.* »

A si noble langage, Mgr Fallières se lève pour répondre. Il remercie, dans les termes les plus chaleureux, les évêques présents : Mgr Dubourg, pendant plusieurs années son collaborateur et sa lumière; Mgr Belmont, l'ardent avocat des libertés de l'Église; le R. P. Abbé de la Trappe, qui lui aussi nous appartient à tous les titres. On a pu dire que les évêques ont fait la France; tout permet de croire qu'ils la sauveront. Ils la sauveront, aidés des moines qui, comme les Frères de Saint-Jean-de-Dieu renouvellent les miracles de leurs devanciers; aidés de leurs prêtres, qui jamais ne furent ni plus nombreux ni plus ardents au bon combat. « Puis-je entre tous ne pas citer le digne recteur de cette paroisse de Lehon? Ce qu'il a fait depuis tant d'années, Dieu seul le sait, et comment le récompenserai-je? Sans doute, je le nomme dès aujourd'hui chanoine de mon diocèse; mais, pour tout ce qu'il a fait, ce n'est pas une récompense. Je laisse à Dieu le soin de lui réserver celle qu'il ambitionne avant tout : le Ciel. »

Une petite scène tout intime, pour ainsi dire familiale.

se passe alors. M. l'archiprêtre de Saint-Sauveur. qui se dispose à célébrer la messe, offre ses ornements de chanoine à M. l'abbé Fouéré-Macé. Monseigneur en revêt lui-même ce dernier, qui, pendant le reste de la cérémonie, fera assistant au trône pontifical. Si quelqu'un, en ce moment, a tourné ses regards vers une certaine partie de l'église, à la joie qui brillait sur certains visages, aux larmes heureuses qu'on essuyait furtivement, il a facilement compris que Mgr Fallières venait de faire bon nombre d'heureux.

Et voici le Saint-Sacrifice qui se célèbre, pour la première fois depuis un siècle, dans cette enceinte déshonorée de tant de manières. Gloire à Dieu, qui fait revivre les ruines, qui restaure et embellit ce que l'homme avait désolé, par qui le désert refleurit dès que sa parole féconde l'a touché! Gloire à Notre-Seigneur Jésus-Christ, qui de nouveau, dans ces lieux qui redeviennent sa propriété, pourra chaque jour s'immoler encore pour son peuple! Honneur aux corps sacrés qui reposent le long de ces murs bénis qu'ils ont préservés de la ruine définitive, et qui, malgré la corruption du tombeau. malgré la terre amassée sur eux par les siècles, ont dû tressaillir en ce moment solennel : *Et exultabunt ossa humiliata.*

Les chants liturgiques pendant la cérémonie, que les jeunes gens de l'Oratoire Salésien interprétaient si bien, le chant du *Credo* pendant la messe, que l'orgue accompagnait de ses beaux accords, donnaient une voix aux pensées de chacun, interprétaient la joie et la reconnaissance qui remplissaient les cœurs. Une agréable surprise, pour le dire en passant, cet orgue! M. Henry Chupin, je l'espère, n'en voudra pas à l'*Union Malouine* de découvrir son anonymat généreux.

En résumé, la cérémonie religieuse, qui avait attiré
tant de fidèles, a été magnifique. Tous, en se dispersant,
n'avaient sur les lèvres que cette parole : « Quelle belle
fête!... »

Et maintenant, c'est midi. Gravissons les vieux escaliers du couvent, que les moines gravirent avant nous.
Au premier, à gauche, quelle est cette salle enguirlan-
dée? Quelles sont ces belles tapisseries d'Aubusson, tout
le long des murs, étonnés des splendides atours aux-
quels jamais aucun prieur ne les accoutuma? Que signi-
fient ces écussons, ces panoplies, ces boucliers, ces
étendards anglais et bretons? Beaumanoir, ici votre
ombre plane. On évoque la lande de Mi-Voie. N'est-ce
pas vous, preux chevalier, qui présiderez dans votre
armure de fer, non loin des armes épiscopales, à notre
dîner, que le moyen-âge nous pourrait envier? Moi,
j'ignore.

— Si vous interrogiez M. le capitaine de la Bigne?
murmure à mon oreille un voisin complaisant...

Le dîner est parfait.

Mais bientôt sonne l'heure des toasts. M. Fouéré-
Macé se lève. Il remercie Monseigneur du grand honneur qu'il vient de lui faire en le plaçant au nombre de
ses chanoines; il le remercie surtout au nom de sa vénérable mère. Puis, après avoir salué avec un grand à-pro-
pos de pensées et de langage Mgr Dubourg, Mgr Belmont
et le R. P. Abbé de Thymadeuc, il évoque tout de suite
le nom des personnes qui ont le plus contribué à la restauration de l'église abbatiale de Lehon : l'ancien et
regretté maire, M. Louis Chupin, dont il est heureux de
saluer les fils présents à cette fête; le maire actuel,
M. Le Fer de la Gervinais, si dévoué, lui aussi; les
Frères de Saint-Jean-de-Dieu, en particulier le Frère

Vincent-de-Paul. si longtemps à la peine et que l'âge empêche d'être à l'honneur ; ses confrères du voisinage, avec un remerciement spécial à M. l'archiprêtre de Saint-Sauveur, en qui il a toujours trouvé lumière et reconfort ; à M. le secrétaire général de la Villerabel, qui a ouvert avec une extrême bienveillance les colonnes de la *Semaine Religieuse* aux communications intéressant l'œuvre de Lehon ; à MM. les officiers ici présents, dont l'amitié et le talent lui ont été si précieux ; enfin, à M. Hébert, l'humble et habile sculpteur dont l'œuvre sera désormais toujours admirée.

Monseigneur aussitôt lui répond. Avec une grande élévation de pensées, il salue ses collègues dans l'épiscopat, dont l'éloge provoque des applaudissements. Puis, parlant de l'armée française, dont plusieurs chefs distingués l'écoutent, il fait un beau tableau de l'esprit de sacrifice et de dévouement qui anime le soldat : « Je serais tenté de dire que leur dévouement l'emporte sur le nôtre, puisque, non contents de donner leurs fatigues et leurs sueurs à la patrie, ils lui donnent encore, quand il le faut, leur sang. » Après cet éloge si bien mérité de l'armée française, Monseigneur fait un tableau flatteur des prêtres de son diocèse. Avec des prêtres tels que M. le recteur de Lehon, on peut envisager l'avenir sans trop de crainte. Le combat, il le place surtout sur le terrain de l'école, et comme, en ce moment, nos cœurs battaient à l'unisson du sien ! Enfin, Sa Grandeur termine par un salut à Léon XIII, le grand Pape, salut que toute la salle applaudit.

M. le maire de Lehon se lève à son tour et adresse à Msr Fallières ce beau discours, que nous sommes heureux de pouvoir mettre sous les yeux de nos lecteurs :

« Monseigneur,

« Messieurs,

« Si j'ose élever la voix après les éloquentes paroles que nous venons d'entendre, c'est pour acquitter au nom des habitants de Lehon un devoir de gratitude et de reconnaissance envers les personnes qui ont contribué à l'érection de la belle église que S. G. Mgr Dubourg vient de consacrer.

« L'idée de cette restauration est due à MM. Bouvet, ancien recteur de Lehon, et Chupin, alors maire de cette commune; aussi le souvenir de ces deux hommes, unissant leurs efforts et se partageant les pénibles démarches qui précédèrent la restauration, restera-t-il attaché à l'édifice.

« Merci à Mmes Marin et Depaul, qui ont donné à Lehon l'antique chapelle des Beaumanoir.

« Merci au regretté M. Le Sage, cet homme de bien qui a ouvert si largement sa bourse lors de la souscription pour la restauration de l'église abbatiale, et qui plus tard encore prit à sa charge une partie de l'acquisition destinée à l'œuvre des écoles.

« L'éloge de notre cher recteur n'est plus à faire. Il vient de recevoir la juste récompense de son dévouement. Vous avez tous admiré quel bon goût et quelle science archéologique ont présidé à l'ornementation de l'église; que Dieu lui permette de jouir de longues années de l'œuvre à laquelle il s'est dévoué!

« Maintenant, que pourrais-je dire pour remercier assez nos généreux bienfaiteurs, les Frères de Saint-Jean-de-Dieu?

« Le vénéré Frère Vincent-de-Paul, ce religieux,

digne des grands moines du moyen-âge est-il écrit
quelque part, a, grâce à une attentive et affectueuse
pensée, son image gravée sur le vitrail ; elle attestera
les années de travail et de dévouement qu'il a dépensées
à la restauration de notre beau monument.

« Cette église, mes Frères, est restaurée par vos soins
et vos deniers : à vous en revient tout le mérite. Là ne
s'arrêtent pas vos libéralités pour nous : non contents de
secourir les déshérités de la commune, vous assurez
l'éducation de l'enfance dans des locaux scolaires que
bien des communes plus importantes nous envient ; en
retour de vos bienfaits, nous ne pouvons que vous exprimer notre reconnaissance ; veuillez l'agréer, mes Frères,
en même temps que notre bien respectueux dévouement.

« Permettez-moi aussi, Messeigneurs, de vous dire
combien nous sommes heureux et fiers de vous voir
ici aujourd'hui. Votre présence à Lehon et le don généreux de Votre Grandeur, Monseigneur Fallières, attestent
l'intérêt que vous nous portez ; nous garderons le souvenir de cette belle fête, et prions Vos Grandeurs d'accepter les hommages reconnaissants des habitants de
Lehon. »

L'accueil qui a été fait à ces belles paroles prouvera à
M. le maire de Lehon combien sa personne est sympathique et à quel point les sentiments qu'il a exprimés à
Sa Grandeur, au nom de ses administrés, étaient parta-
gés par ceux qui l'écoutaient.

Enfin, M. le capitaine de la Bigne se lève et donne
lecture d'une lettre que son cousin, M. Arthur de la Borderie, de l'Institut, vient d'adresser à M. l'abbé Fouéré-
Macé. Lisez, lecteurs, et savourez. C'est le bouquet de la
fête :

« Messeigneurs, Messieurs,

« Mon cousin, M. Arthur de la Borderie, membre
de l'Institut, auquel l'état de sa santé n'a pas permis, à
son très grand regret, d'assister à cette fête, m'a prié de
lire la lettre suivante, qu'il adresse à M. le chanoine
Fouéré-Macé, recteur de Lehon :

« Vitré, 6 juillet 1897.

« Cher Monsieur le Recteur,

« Je me faisais d'avance une grande joie de prendre
part à la fête d'inauguration de la belle église priorale
ou plutôt abbatiale de Lehon, supérieurement et splendi-
dement rétablie dans le plus beau style de l'architecture
chrétienne du moyen-âge, grâce à votre initiative, à
votre énergie, à votre persévérance, à votre activité, à
votre fermeté.

« Je me faisais une grande fête de pouvoir, à cette occasion, présenter mes respectueux hommages à Sa Grandeur Mgr l'évêque de Saint-Brieuc, dont j'ai tant de fois
éprouvé la bienveillance et à qui je dois tant de gratitude, et aussi de raviver mes vieilles et persistantes
relations de fidèle amitié avec l'excellent et très éloquent
curé de Saint-Sauveur de Dinan et avec tous les autres
membres, si distingués, si sympathiques du clergé des
Côtes-du-Nord, qui se trouveront le 8 courant réunis à
Lehon dans le vieux réfectoire gothique du vénérable
prieuré.

« Hélas! cette grande joie que j'espérais ne me sera

pas donnée. Je suis contraint de rester loin de vous, cher Monsieur le Recteur, cloué ici par mes soixante-dix ans et mes mauvaises jambes.

« Je veux, du moins, vous exprimer de cette absence forcée mon cruel regret.

« Je veux surtout vous dire toute mon admiration pour votre œuvre.

« Oui, cher Monsieur le Recteur, vous avez fait une grande chose, vous avez donné un grand exemple.

« Aujourd'hui on ne rêve que faire du neuf; il y a comme une conspiration contre nos vieux monuments, contre nos vieilles églises. Oh! je sais bien ce qu'on dit, on répète toujours la même antienne : « Elles tombent en ruines! » — On dit cela très naïvement, sur la foi de tel ou tel architecte. Mais songez un peu : l'architecte qui veut bâtir une église est comme l'homme qui veut se défaire de son caniche. Le proverbe l'affirme : « Quand on veut noyer son chien, on dit qu'il a la gale. » De même, quand un architecte veut bâtir une église neuve, il vous dira toujours *que la vieille tombe.*

« Elle tombe, oui, quand on la jette par terre. Auparavant elle n'y songeait pas. Les églises romanes, tout le monde le sait, ne tombent jamais d'elles-mêmes; je n'en connais pas un seul exemple. Mais les *faiseurs de neuf* tiennent à les faire tomber, sachant bien que si on les laissait debout elles enterreraient les nouvelles.

« Outre que ce que l'on fabrique à neuf vaut rarement, au point de vue de l'art, ce qu'on détruit, on sacrifie, en agissant ainsi, cette grande chose si essentiellement bretonne, chrétienne et catholique — *la tradition.*

« Ces vieilles pierres qu'on renverse, qu'on disperse d'un cœur léger, elles ont été, pendant de longs siècles, arrosées, embaumées par les prières des aïeux. C'est la

foi des ancêtres qui vit en elles et se transmet, sous
une forme palpable, tangible, à tous leurs descendants.
Rompre ainsi entre les générations chrétiennes le lien
visible et sensible de la tradition, de la transmission
immémoriale de la foi religieuse, c'est un malheur et une
faute : rien de plus propre à affaiblir le respect, même le
respect des choses saintes, que ce mépris du passé d'où
elles sont venues jusqu'à nous, de cette mystérieuse
antiquité où plongent leurs racines.

« Vous l'avez bien compris, cher Monsieur le Recteur;
au lieu de faire du neuf, vous n'avez songé qu'à rendre
à la vieille église monacale sa vie et sa grandeur. C'était
une tâche hérissée de difficultés terribles; elles n'ont
point effrayé votre courage; à travers de rudes et nombreuses épreuves, vous les avez surmontées. Vous avez
aujourd'hui la gloire de nous offrir l'une des plus belles
œuvres de la plus belle époque de l'art chrétien en Bretagne, entière, complète, fidèlement restituée dans toute
sa sincérité et toute sa splendeur.

« Les ornements que vous avez ajoutés sont dignes de
l'édifice, entre autres cet autel, cette chaire d'un style si
pur, si élégant; ces vitraux dont le brillant émail fait
revivre tous les grands traits, toutes les grandes figures
de l'histoire de Lehon, depuis le vénérable dom Noël
Mars jusqu'à Nominoë et à saint Magloire.

« Par Nominoë, par saint Magloire, vous vous reliez,
vous touchez à nos premiers apôtres, à nos premiers
héros, aux origines religieuses et guerrières de la Bretagne.

« Et ainsi cette vieille tradition bretonne et chrétienne,
que d'autres s'acharnent à effacer, vous vous êtes attaché
à la faire revivre, à la mettre en pleine lumière, dans un
nimbe radieux de gloire et d'honneur.

« Honneur donc à vous, cher Monsieur le Recteur, à vous et à tous vos collaborateurs!

« La bénédiction de Dieu, la bénédiction de tous les saints de Bretagne tombera sur vous comme une manne; sur vous, sur votre paroisse, sur tous ceux qui ont aidé à votre œuvre.

« Et si j'étais, après-demain, au nombre des convives du réfectoire gothique de Lehon, c'est avec une sympathie profonde, avec une énergie toute bretonne et toute chrétienne que je m'écrierais : *Ad multos et multissimos annos!*

« Croyez-moi, je vous prie, cher Monsieur le Recteur, votre bien cordialement dévoué.

« ARTHUR DE LA BORDERIE. »

Que dire après cela? et comment résumer les multiples impressions qu'on emporte d'une telle fête? Une grande œuvre a été accomplie; elle a été dignement célébrée et couronnée. Depuis l'humble début, des années ont passé; mais si longues, si pénibles qu'elles ont pu paraître, elles n'ont pas laissé d'être fécondes. Une église de plus s'élève à la gloire de Jésus-Christ, une très belle église, sortie du milieu des ruines, qui menaçaient d'être éternelles. Honneur à ceux qui ont ressuscité les ruines! Honneur au vaillant prêtre, M. le chanoine Fouéré-Macé!

Un témoin de la fête nous adresse ces détails complémentaires :

Huit quêteuses se tenaient à la porte de l'abbaye et sollicitaient une obole, pour la décoration intérieure de l'église. C'étaient : Mme de Cosson mère et Mme Jan, épouse du président de la Fabrique; Mlle Gilbert et

Mᵐᵉ Senez; Mᵐᵉ Garnett et Mᵐᵉ de Ferron du Chesne; Mᵐᵉ la comtesse de Brecey et Mᵐᵉ Charpentier, de la Benardais, bien connue à Lehon pour son dévouement aux défenseurs du pays.

La superbe décoration de la salle du banquet, où l'on pouvait voir les écussons des chevaliers du combat des Trente, au-dessus du manteau rouge bordé d'hermine des Beaumanoir, les étendards de Montauban, de Plantagenet, de Bembro, ceux de France et de Bretagne, etc., était due non seulement au capitaine artiste de la Bigne, mais aussi à Mˡˡᵉ Yvonne de Ferron du Chesne et à M. de Cosson, de la Forestrie, l'habile collectionneur.

Notons, parmi les convives, outre les prélats déjà nommés : M. le chanoine du Bois de la Villerabel, secrétaire général de l'évêché; M. l'abbé Daniel, archiprêtre de Saint-Sauveur; M. le chanoine Gauthier, curé-doyen de Saint-Malo; M. Le Fer de la Motte, supérieur de l'école des Cordeliers; M. le chanoine Delahaye, recteur de Pleudihen; M. le chanoine Lemercier, recteur de Pordic, vicaire général honoraire de Moulins; M. l'abbé Bouvet, recteur de Plessala; M. l'abbé Brebel, recteur de Tressaint; M. l'abbé Favreau, recteur de Saint-Hélen; M. l'abbé Gicquel, recteur de Lanvallay; M. l'abbé Loisel, recteur de La Vicomté-sur-Rance; MM. les abbés Dupré et Nabucet, vicaires à Saint-Sauveur; M. l'abbé Legros, vicaire à Saint-Malo; MM. les aumôniers de l'Hospice, des Petites-Sœurs des Pauvres et du Collège; M. l'abbé Nomy, professeur à l'école des Cordeliers; le R. P. Daniel, prieur de l'Asile des Bas-Foins de Lehon, et le R. P. Samuel, sous-prieur.

Parmi les laïques, citons : M. le comte de Brecey, colonel du 13ᵉ hussards; M. le capitaine de la Bigne, du 24ᵉ dragons; M. Le Fer de la Gervinais, maire de

Lehon; M. Henry Chupin, adjoint au maire de Lehon,
et M. L. Chupin; M. J.-M. Amiot, des Pontspillets;
M. le baron de Cosson; M. J.-B. Fouéré; M. Guidet,
architecte; M. Hébert, sculpteur; M. Jan, président de
la Fabrique; M. Nogues, secrétaire de la Fabrique;
M. Riboulet, chef du secrétariat du Xᵉ arrondissement,
à Paris; M. Rolland, trésorier de la Fabrique.

Le repas avait été excellemment préparé par Mᵐᵉ Tro-
nel. En voici le menu :

Potage printanier
Turbot sauce Hollandaise
Poulets à la Cardinale
Timbales Milanaises
Filet de Bœuf — Salade
Petits Pois
Galantine
Dessert
Café — Liqueurs

VINS

Madère — Saint-Estèphe — Haut-Sauterne
Volnay — Pontet-Canet
Champagne

Mᵐᵉˢ de la Gervinais, de Ferron, de Béhague s'étaient
particulièrement occupées, avec plusieurs autres personnes, des décorations du bourg.

Très remarquées, les armes des prélats : celles de
Mᵍʳ Dubourg : *Per Matrem ad cor Filii*, par la Mère au
cœur du Fils.

Celles de Mᵍʳ Belmont : *Tuus sum ego*, j'appartiens à
tous.

2

Le R. P. Bernard a cette devise : « *Cruce et aratro*, par la croix et la charrue. » N'est-ce pas en deux mots la vie des Trappistes? la prière et le travail des champs.

(*Union Malouine et Dinannaise*, 11 juillet 1897.)

A Lehon.

—

Consécration de la nouvelle église abbatiale. — Quatre prélats.
Une belle fête. -- Une salle à manger royale.

Jeudi dernier, 8 juillet, à l'occasion de la consécration en grande pompe de la nouvelle église de Lehon, le joli bourg de Lehon était en fête.

Quand nous arrivons, vers huit heures, la superbe décoration du bourg, à laquelle les habitants avaient travaillé depuis la veille avec une ardeur sans pareille, est terminée. Les murs, les escaliers extérieurs des maisons sont couverts de verdure. Une allée sablée, bordée de sapins, de mâts reliés avec des guirlandes ornées au milieu de fort jolis motifs, conduit à la place de l'église, laquelle église est élégamment décorée extérieurement de guirlandes, de cartouches, de pavois et, surmontant le tout, de drapeaux tricolores.

A l'intérieur de l'église, tout est prêt. Au fond et à gauche sont l'autel et la chaire de pierre finement sculptés par M. Hébert, et un peu écrasés par l'immensité relative du vaisseau. A droite, dans des niches ogivales, des tombeaux habilement restaurés. A gauche de l'autel, dans le chœur orné d'un beau dallage en grès cérame, un dais a été installé pour les prélats. A droite et à gauche du chœur ont été posées, à la place des stalles, contre le mur, des boiseries peintes ayant appartenu à l'église avant la Révolution et admirablement conservées. Recommandons aux amateurs la partie supérieure de ces boiseries, aux sculptures d'une finesse, d'un achevé et d'une sûreté de dessin admirables.

Vers huit heures, Mgr Dubourg, évêque de Moulins, arrive et, avec beaucoup de bonhomie, cause en *brezonek* avec son *pays*, M. l'instituteur de Lehon. Puis il va revêtir ses habits sacerdotaux et la cérémonie commence sans la présence des fidèles. Il y a, en effet, de place en place, incrustées dans les murs, des pierres ornées d'une croix de Saint-André que le consécrateur devra oindre d'huile; il faudra en outre asperger la nef d'eau bénite; d'où, apparemment, l'exclusion des fidèles de la première partie de la cérémonie. Au début de celle-ci, la porte de l'église est fermée. Une partie du clergé est à l'intérieur. Une autre est à l'extérieur. On frappe, on parlemente selon le rituel. Finalement, la porte s'ouvre et tout le clergé se rend au chœur.

Pendant que la cérémonie se poursuit arrivent successivement des fidèles, des invités, des curieux. Voici M. l'abbé Daniel, archiprêtre de Saint-Sauveur, avec Mgr de Belmont, évêque de Clermont, grand, sec, avec un faux air de feu Mgr d'Hauteroche d'Hulst, l'air de quelqu'un ; et le Révérendissime Père Bernard, supérieur de la Trappe de Thymadeuc, la tête complètement rasée sauf une couronne de cheveux gris, les pieds nus dans des sandales, tout dépaysé de se voir avec son costume sépulcral, noir et blanc, loin de la solitude de son cloître... Le Père Bernard, cousin de M. Daniel, est son hôte, de même que Mgr de Belmont, ami de M. le curé de Saint-Sauveur. L'évêque de Clermont n'était point attendu à Lehon, mais M. Daniel l'ayant rencontré à

Rennes, l'engagea à assister à la cérémonie, et c'est ce
qui fait que nous avons pu voir le bouillant prélat qui
vient de recevoir les palmes du martyre. . . . . .

Vers neuf heures et demie, la cérémonie à huis-clos,
si l'on peut dire, est terminée et une procession se forme
pour aller à l'ancienne église chercher les reliques de
saint Magloire. Mgr Dubourg a mitre en tête et crosse en
main, Mgr de Belmont est en noir et violet, le R. P. Bernard a revêtu une sorte de burnous blanc frangé de
rouge. Mgr Fallières, très fatigué, était resté au presbytère. Disons ici que le prélat, ainsi que Mgr l'évêque
de Moulins, était l'hôte des Frères de l'Asile de Lehon.

La procession revient, les prélats prennent place dans
le chœur et M. le recteur de Lehon prononce un discours
que nous sommes bien fâchés de ne pouvoir faire connaître à nos lecteurs, discours qui prouverait, si besoin
était, que M. l'abbé Fouéré est un historien et un lettré.
Mgr l'évêque de Saint-Brieuc répond, félicite l'honorable
recteur de son zèle et de ses efforts avec une allusion à
ses travaux historiques et le nomme chanoine honoraire.
Il le revêt immédiatement des insignes de cette distinction : un rochet de dentelle et un camail de soie bordé
d'hermine. Aussitôt après, la messe commence, chantée
par les jeunes gens des Salésiens; l'orgue — un orgue
puissant offert par M. Henri Ch... — était tenu par M. Le
Cocq. Le *Credo* est chanté par M. Louis Ch... Au
cours de la cérémonie, à laquelle, cette fois, assistent les
fidèles, une quête est faite par Mmes Jan, baronne de Cosson, Senez, Mlle Gilbert, comtesse de Brecey, Mme Charpentier, comtesse de Ferron, Mme Garnett. La messe
dite, le clergé retourne processionnellement au presbytère — puis les invités se rendent au déjeuner offert
par M. l'abbé Fouéré-Macé.

La salle à manger, organisée au milieu d'un immense
appartement, au premier étage d'un des bâtiments de la
vieille abbaye, était merveilleuse. Imaginez, réalisée par
deux hommes d'un goût exquis et sûr (MM. de la Bigne
et Cosson), une salle comme on n'en peut guère voir qu'à
Anet ou à Chenonceaux. Aux murs, des tapisseries magnifiques qui m'ont tout l'air d'être des Gobelins de haute
lisse d'après des cartons de Vander-Meulen. (Si cela est,
le centimètre carré de ces tapisseries vaut un bon prix!)
Comme portières des tentures du Daghestan ; comme
panneau, les armoiries des combattants des Trente avec,
comme motif principal, celles de Beaumanoir ; dans un
autre panneau, sur fond rouge, se détachent les armoiries
des prélats présents. Et partout, de façon à révéler le
savoir-faire d'une femme de goût (Mlle Yvonne de Ferron),
des verdures et des fleurs... N'oublions pas l'ornement
capital de cette salle à manger de grand seigneur : une
magnifique armure du XVIe siècle ornée de superbes
damasquinures au burin. Armures et tapisseries sortent
des collections de MM. de la Bigne et de Cosson. L'ensemble est d'une richesse et d'un art digne des plus vifs
éloges.

Trois tables, disposées en fer à cheval, sont ornées et
fleuries à souhait. A la place d'honneur est un gâteau de
Savoie glacé, en forme de bonnet d'évêque, chef-d'œuvre
du Frère Déodat, pâtissier à l'asile de Lehon. Sur
chaque couvert, un menu orné d'un délicieux dessin à la
plume, de M. de la Bigne. Au haut, une vue générale de
l'abbaye, à gauche une perspective du cloître, au bas les
armoiries des trois prélats, à droite une banderole avec
les trois devises. Malheureusement la reproduction litho-
graphique a été quelque peu manquée. En l'état, le fin

dessin de M. de la Bigne constitue un charmant souvenir que chacun tiendra à conserver.

La salle admirée, les convives prennent leur place. Il
y a là MM. de Belmont, Dubourg, Fallières, Bernard, de
Brécey, de la Bigne, de Cosson, Daniel, Gauthier, curé
de Saint-Malo, le R. P. Daniel, prieur de l'asile de
Lehon, Le Fèr de la Motte, supérieur des Cordeliers,
Rondel, entrepreneur, Hébert, sculpteur, Guidet, architecte, de la Villerabel, Le Cocq, J.-B. Fouéré, etc. Tous
ont savouré le menu suivant :

(Voir le menu, page 17.)

Enfin, à l'heure des toasts, M. Fouéré-Macé a pris la
parole pour remercier les assistants, ayant pour chacun
un mot aimable. Mgr Fallières lui a répondu, après quoi
M. de la Gervinais a prononcé l'allocution dont nous
sommes heureux de pouvoir donner le texte :

(Voir le discours de M. le Maire de Lehon, cité plus
haut.)

Après M. de la Gervinais, un des assistants, parent de
M. de la Borderie, empêché, a lu la lettre de l'honorable membre de l'Institut.

(Voir la lettre de M. de la Borderie, citée plus haut.)

Les convives se sont ensuite séparés, et NN^gr bourg,
de Belmont, Bernard et Fallières ont quitté Dinan le
soir même. Bref, la consécration de la nouvelle église a
été une fête dont, à Lehon, on conservera longtemps
le souvenir.

Comme nos lecteurs l'ont pu voir dans le compte-
rendu de la fête de consécration de l'église de Lehon,
Mgr Fallières a nommé M. l'abbé Fouéré-Macé, recteur
de Lehon, chanoine honoraire.

Nos plus vives félicitations à M. Fouéré-Macé, qui

avait depuis longtemps mérité cette haute distinction, ne fût-ce que par le zèle et le goût dépensés à la restauration de l'église abbatiale.

(*L'Union Libérale*, 11 juillet 1897.)

L'Église de Lehon.

On vient de terminer la restauration de l'église abbatiale de Lehon, près de Dinan (Côtes-du-Nord); cette œuvre de reconstitution archéologique n'a pas duré moins de douze ans.

L'abbaye de Lehon renferme les tombeaux des ducs de Dinan, de Beaumanoir, les héros du combat des Trente; de Tiphaine du Guesclin, la nièce du grand connétable; dans de magnifiques vitraux est retracée toute l'histoire de Lehon, depuis Nominoë jusqu'à la Révolution.

La grande verrière romane du chœur, haute de douze mètres et d'une superficie de cinquante-deux mètres carrés, contient quatre grandes travées ogivales, une superbe rosace avec deux roses, deux écoinçons et douze lobes, tous retraçant des épisodes de l'histoire de la célèbre abbaye des Bénédictins du prieuré royal de Lehon. Le tout est surmonté des armes des Beaumanoir, de du Guesclin et de celles de la Bretagne.

(*L'Autorité*, 16 juillet 1897.)

Consécration de l'Église de Lehon.

Dans la fraîcheur du matin, le petit bourg de Lehon, si gracieusement blotti dans son nid de verdure, au bord de la Rance, présentait le 8 juillet une animation extraordinaire. A travers une avenue triomphale, ornée de drapeaux et de verdure, descendaient successivement plusieurs prélats : Mgr l'évêque de Saint-Brieuc, Mgr Dubourg, évêque de Moulins, Mgr Belmont, évêque de Clermont, enfin le R. P. abbé de la Trappe de Thymadeuc.

Dans la vieille église, toute humble auprès de sa glorieuse voisine, ressuscitée d'entre les morts, reposaient les reliques des saints martyrs Étienne, Irénée, Sévérien et Aimé, destinées au tombeau du maître-autel que Mgr Dubourg a consacré.

Au presbytère, le vénérable et savant recteur de Lehon, portant le poids de ses longs travaux d'érudition et de ses patients efforts pour la restauration de la chapelle du prieuré de Saint-Magloire, de son histoire et de ses traditions, attendait ses illustres hôtes. Son énergie lui a permis d'assister, non sans souffrances, à la longue cérémonie qui était le couronnement de sa belle œuvre.

Que dirons-nous des longues et symboliques cérémonies de la consécration? Elles mériteraient un moment notre attention, si le désir de publier deux documents, monuments véritables de cette inoubliable cérémonie, ne nous imposait la nécessité de couper court et de tout résumer au plus vite.

Mgr Dubourg, le prélat consécrateur, était assisté de MM. Brebel, recteur de Tressaint, Dupré, vicaire de Saint-Sauveur, Le Gros, vicaire de Saint-Malo. MM. les chanoines Daniel, archiprêtre de Dinan, Bruneau, secrétaire particulier de Mgr de Clermont, Le Mercier, vicaire général honoraire de Moulins, Delahaye, recteur de Pleudihen, Gauthier, doyen de Saint-Malo, Le Fer de la Motte, supérieur des Cordeliers, le R. P. Mathurin Barbedienne et M. le doyen de Plélan-le-Petit, assistaient les prélats au trône.

A la fin de la cérémonie, M. l'abbé Fouéré-Macé, recteur de Lehon, a pris la parole :

« MESSEIGNEURS,

« MON RÉVÉRENDISSIME PÈRE,

« C'était vers la fin du XIIᵉ siècle. Des dissensions graves s'étaient élevées, d'une part entre les moines de Lehon et l'abbaye de Saint-Magloire de Paris, d'autre part entre l'évêque d'Aleth et les Bénédictins de Marmoutiers. Les évêques et les seigneurs bretons, le Pape lui-même, s'interposèrent entre les parties et les réconcilièrent. Lehon, de ce fait, fut soustrait à la juridiction de Paris; Durand y perdit le titre d'abbé et l'évêque d'Aleth y gagna la cathédrale de Saint-Malo.

« Comme gage de réconciliation, l'évêque de Saint-Malo — il s'appelait Pierre — vint rendre visite aux moines de Lehon. Il fit son entrée solennelle au monastère, entouré des religieux qui lui prodiguèrent les marques du plus profond respect et des plus sympathiques égards.

« Nous fêtons aujourd'hui, Messeigneurs, sous la présidence vénérée de Vos Grandeurs, dans cette même église du XIIᵉ siècle où Geoffroy de Corseul reçut jadis avec tant de déférence l'évêque de Saint-Malo, une autre réconciliation, plus difficile peut-être encore que celle des cœurs, plus rare au moins, la réconciliation du temps et des ruines, avec la patience et la charité.

« Cette église que venait de terminer à peine Geoffroy de Corseul, vers l'année 1180, était loin d'être la première qui eût entendu les psalmodies et abrité les veilles des moines de Lehon. Trois autres l'avaient précédée. La première fut celle que trouva le roi de Bretagne quand il rencontra, l'an 850, au milieu de la forêt, sous les pas de sa chasse royale, les pauvres ermites de Lehon, à peine vêtus de peaux de chèvres et mourant de faim ; l'oratoire des pieux solitaires n'était qu'une chétive cabane faite de branches et de feuillages entrelacés, surmontée d'une croix de bois, humblement accolée aux flancs de la montagne, dans la vallée sauvage de la Rance.

« Bientôt les libéralités du roi de Bretagne, après la fameuse expédition de Condan à l'île de Serk et l'enlèvement indiscret mais providentiel de la châsse de saint Magloire, permirent aux ermites de Lehon de remplacer par une magnifique église leur pauvre églisette de bois. Le roi les avait autorisés à s'approprier les ruines du temple de Corseul, admirable édifice d'une incomparable splendeur. Les moines usèrent largement de sa permission. Accompagnés d'ouvriers habiles, ils se rendirent à Corseul, dépecèrent cette belle ruine, et après des difficultés inouïes, transportèrent à Lehon, au milieu de chants de triomphe, les blocs bien équarris et les marbres diaprés. Sous leurs mains laborieuses et actives, ces blocs et ces marbres superbes ne tardèrent pas à devenir les tympans, les linteaux, les colonnes, les plus beaux ornements enfin de la basilique de Lehon.

« Mais, hélas ! les Normands ne laissèrent pas longtemps sur pied cette riche église. Remontant la Rance sur leurs barques légères, ils débarquèrent à Lehon vers l'an 920. La forteresse fut impuissante à maîtriser leur fureur. Mais déçus dans leurs espérances, de ne plus trouver au monastère ni moines, ni trésors, ni surtout l'objet principal de leur convoitise, la châsse de vermeil de saint Magloire, ils brisèrent tout ce que les religieux n'avaient pu emporter et livrèrent aux flammes la royale abbaye et sa riche basilique.

« Pendant un siècle et quelques années en plus, les lierres et les ronces envahirent les murs calcinés de l'abbaye, et le désert redevint le maître de ces lieux délaissés. Mais les premiers moines de Lehon, partis à Paris avec les reliques des saints bretons, avaient légué aux religieux de Saint-Magloire de Paris le souvenir de la vieille abbaye; ils en avaient raconté la curieuse fondation, exposé la beauté du site et la fertilité du sol. A Paris on aimait Lehon, et l'on rêvait d'aller relever de ses ruines le monastère breton. L'abbé Harduin choisit donc six de ses religieux les plus enthousiastes et les envoya sur les bords de la Rance. Les nouveaux venus se mirent aussitôt à l'œuvre, et ils firent si bien qu'en peu d'années ils rendirent à la fondation de Nominoë son ancienne splendeur. Leur premier soin fut de rebâtir l'église. Un chapiteau encastré dans le mur extérieur du chevet, au-dessous de ce grand vitrail, et les débris élégants retrouvés naguère des colonnettes du cloître qu'ils bâtirent alors, nous sont les témoins qu'ils ne négligèrent rien pour faire grandiose et durable.

« Toutefois, la ruche bénédictine s'étant considérablement accrue, l'église rebâtie devint trop étroite, et Geoffroy de Corseul, dans la dernière moitié du XIIᵉ siècle, en construisit une plus spacieuse et mieux appropriée aux besoins de la communauté. C'est celle même, Messeigneurs, dans laquelle nous sommes. Sa construction offre le caractère bien tranché du style roman et du style ogival; aussi cette particularité en fait-elle un spécimen rare et intéressant de ce que l'on est convenu d'appeler, en archéologie, *l'époque de transition*. Le grand portail ouvert entre six colonnettes, avec six

voussures en plein cintre et orné d'une archivolte à
dents de scie, est du plus pur roman, tandis que les
sept fenêtres géminées de la nef, à lancettes, et surtout
la huitième, trilobée, à meneaux rayonnants, font partie
du style ogival. Elle se compose d'une nef unique, pleine
d'harmonie dans ses proportions, de profondeur et
d'élancement. Un mur droit remplace l'abside. La vaste
baie du sanctuaire, ornée du riche vitrail qui représente
la fondation de Lehon et les miracles de saint Magloire,
ne fut ouverte qu'à la fin du xve siècle par Guillaume
Guéguen, prieur commendataire, évêque de Nantes. Le
maître-autel se composait d'un baldaquin garni de
colonnes de marbre jaspé, surmonté d'une belle croix
abbatiale.

« Ce fut sous les voûtes de cette magnifique chapelle
que, durant près de six siècles, les Religieux de Lehon
récitèrent l'office conventuel et assistèrent au divin sacrifice. La Révolution française ne chassa pas, comme on
le croit généralement, les Religieux de Lehon. Ils en
étaient partis, sur l'ordre de leurs supérieurs, le
24 mai 1767; toutefois l'église continua de servir au
culte, pour les Bénédictins de passage, jusqu'à l'époque
de la Terreur. Depuis lors, la toiture et la voûte se sont
effondrées, et lorsque, le 30 avril 1881, l'église fut donnée — ce fut une honorable et chrétienne pensée de
Mmes Marin et Depaul — à la commune de Lehon pour
servir d'église paroissiale, elle ne formait plus, avec ses
murs crevassés et ses pignons menaçants, qu'une ruine
gigantesque.

« Aussi ne se gêna-t-on pas pour traiter de fous les
imprudents restaurateurs. Rien n'arrêta Frère Vincent-
de-Paul, vrai moine du xiie siècle : la ténacité de ses
études, la justesse de ses mesures, la solidité de ses

coupes et de ses joints eurent raison de tous les obstacles, et sa voûte restera comme un modèle d'élégance et de solidité.

« Il est vrai que nous y avons mis le temps, puisque, commencée en février 1885, la restauration de l'église s'achève à peine aujourd'hui. Mais aussi que de difficultés n'avons-nous pas eu à surmonter, et du côté des ressources, et du côté du travail lui-même ! L'étape a été longue, ardue, mais rien n'a lassé la charité de nos généreux bienfaiteurs, ni déconcerté leur patience. Aussi sont-elles bien légitimes la reconnaissance et la joie de cette paroisse en cette fête solennelle de consécration qui couronne si magnifiquement, au moins dans sa partie principale, cette restauration, objet de tant d'inquiétudes et de labeurs.

« Me pardonnerez-vous toutefois, Messeigneurs, d'adresser une pensée de regret à la vieille église paroissiale que nous allons quitter? Durant près de neuf siècles, ne fut-elle pas la sœur voisine de la chapelle monacale? N'est-ce pas sous ses voûtes que tant de générations reçurent l'onction sainte du baptême et furent « ensépulturées, munies des Saints Sacrements nécessaires à salut? » Avant qu'il disparaisse, j'envoie également un dernier adieu à cet original petit clocher dont la silhouette se dessine si gaiement sur le coteau boisé de Beauvais, et qui tant de fois fut reproduit par le crayon ou le pinceau des artistes.

« Ma plume d'historien serait facilement intarissable. Je l'arrête, me réservant d'expliquer en famille, à mes paroissiens, chacune de ces verrières, qui représentent les épisodes principaux de l'histoire de Lehon; de rappeler à leur piété les miracles de guérison et de résurrection opérés en ces lieux par la protection de saint

Magloire; je leur raconterai la vie toute sainte du bon Père Noël Mars, fondateur de la *Société de Bretagne*, dont la cause de canonisation, introduite en cour de Rome en 1625, n'a peut-être pas dit son dernier mot. Je leur dirai qu'il nous manque encore beaucoup de choses pour terminer dignement notre œuvre, et que, plein de confiance, je tendrai encore la main aux amis de la Bretagne.

« O Dieu de l'Eucharistie, depuis tant d'années exilé de cette église où durant tant de siècles vous avez reçu les adorations et les prières des fils de saint Benoît, venez aujourd'hui reprendre possession de votre sanctuaire vénéré. Rentrez-y les mains remplies de bénédictions! Répandez-les avec abondance sur ces évêques bien-aimés, sur ces vénérables prélats qui ont daigné présider cette imposante consécration; répandez-les sur tous ces prêtres, mes dignes et excellents amis; répandez-les sur ces pieux fidèles, témoins de cette belle fête; répandez-les sur les habitants de cette paroisse, afin qu'ils vous aiment et vous servent toujours en vrais chrétiens! N'oubliez pas, ô mon Dieu, le très pauvre pasteur de cette église; il vous remercie de lui avoir donné de voir ce grand jour, douce consolation à bien des douleurs, et il vous demande, humblement prosterné à vos pieds, la grâce d'accomplir courageusement, jusqu'à la fin, tous ses devoirs. »

Après cette adresse éloquente, Mgr l'évêque de Saint-Brieuc, descendant de son trône, a gravi les degrés de l'autel et a exprimé avec émotion la joie qui débordait de son cœur.

En ce discours, prononcé d'une voix forte et ferme, il a résumé devant les fidèles les grandes leçons qui se dégagent de la fonction liturgique de la consécration d'une église. Puis il a salué ses hôtes : Msr Dubourg, évêque de Moulins, Breton fidèle que ses compatriotes du diocèse de Saint-Brieuc aiment tant à revoir ; Msr Belmont, l'évêque des Croisades, le vaillant défenseur des Congrégations ; le R. P. Abbé de la Trappe, le saint représentant de ces moines qui, aux siècles passés, conquirent ce sol à la civilisation et à la culture. Enfin, pour répondre aux désirs de son cœur et au vœu de toute l'assistance, Sa Grandeur a proclamé M. le recteur de Lehon chanoine honoraire de sa cathédrale.

La première messe, célébrée sur l'autel consacré de saint Magloire de Lehon, a été dite par M. l'archiprêtre de Dinan.

Le chant, très long et très compliqué, a été exécuté, pendant toute cette cérémonie, par le chœur des Salésiens de Dinan. Derrière l'autel, un orgue, don de M. Henry Chupin, l'appuyait.

Nos récits s'éteignent d'ordinaire avec la clarté des derniers cierges ; mais il s'est dit au banquet fraternel qui a suivi la fête de si nobles et belles choses, que nous franchirons sans hésiter le seuil du vieux couvent.

Au premier étage, une vaste salle disparaît sous les draperies d'Aubusson, les panoplies d'armes, les oriflammes et les écussons aux couleurs de France et de Bretagne. En un coin veille un chevalier bardé de fer. Les fenêtres sont ouvertes sur les rochers et les coteaux boisés de Beauvais. Le spectacle est enchanteur et digne du bon goût de M. le capitaine de la Bigne, de Mlle Yvonne de Ferron du Chesne et de M. de Cosson.

M. le chanoine Fouéré-Macé prend ici de nouveau la parole :

« A la présence de Vos Grandeurs, Messeigneurs, et à
la vôtre, mon Révérendissime Père, la paroisse de Lehon
est redevable aujourd'hui d'une double fête : l'imposante
cérémonie de ce matin, avec ses onctions mystérieuses et
saintes, et la présence à cette table, autour de Vos Grandeurs, des principaux amis de Lehon et de généreux
bienfaiteurs de l'église.

« Je vous remercie, Monseigneur, d'avoir bien voulu
présider cette fête; votre visite est pour la paroisse
entière un honneur; elle me procure particulièrement, à
moi, une joie toute filiale; elle est comme un doux rayon
de soleil dans le ciel parfois assombri de mon âme.

(Ici M. Fouéré-Macé interrompt sa lecture pour remercier Monseigneur de l'honneur qu'il lui a fait en le nom-
mant chanoine honoraire. Il lui exprime surtout sa
reconnaissance au nom de sa vénérable mère.)

« Merci, Monseigneur de Moulins, d'avoir daigné vous
rendre avec tant de bonne grâce au désir de Mgr Fallières. La reconnaissance que je vous dois pour l'accom-
plissement de cette admirable mais fatigante cérémonie
de la consécration s'est accrue dans mon cœur des motifs
si sympathiques pour mon œuvre et si bienveillants pour
moi, que vous avez bien voulu m'exprimer. Nos pierres
garderont vos onctions, et nos cœurs votre vénéré et
gracieux souvenir.

« Vraiment, Monseigneur de Clermont, la Providence
nous gâte aujourd'hui, puisqu'elle ajoute pour nous, au
bonheur de ce grand jour, l'insigne honneur et la grande
joie de saluer en votre personne un défenseur intrépide
des droits sacrés de l'Église, un évêque qui, dans la fière
indépendance de sa conscience et de sa foi, a su redire

bien haut la noble devise apostolique : « *Non possumus, non loqui.* » Qui pourrait s'étonner d'entendre l'évêque des Croisades pousser en face de l'ennemi le cri des vaillants : *Dieu le veut!*

« Merci, mon Révérendissime Père, d'avoir consenti à quitter la solitude de votre cloître pour venir par votre robe monacale rajeunir de plus d'un siècle ce vieux sanctuaire. L'idéal des premiers Cisterciens, que les Trappistes essayent d'imiter aujourd'hui, ne fut-elle pas, comme pour les religieux de Lehon, vos frères, l'observation entière de la règle bénédictine?

« Je reçois, au dernier instant, la très regrettable nouvelle que le mauvais état de sa santé empêche de s'unir à nous M. de la Borderie, le savant et infatigable chevalier de nos saints bretons, de saint Magloire en particulier, lui, l'ami dévoué du pauvre écrivain-bâtisseur. La présence de notre grand historien de Bretagne s'imposait au milieu de nous, en cette journée qui fait revivre dans nos cœurs de si touchants souvenirs du passé. Son absence nous est une véritable peine.

« Les enfants de Saint-Jean-de-Dieu méritent partout le nom de *Frères de la Charité.* Nous le savons par expérience dans notre pays de Dinan, où l'asile des Sacrés-Cœurs répand tant de bienfaits autour de lui. Mais n'est-ce pas surtout, mes Révérends Frères, pour la paroisse de Lehon que vous êtes les Frères de la Charité? La magnifique église qui vient d'être consacrée en est la plus incontestable des preuves. Oh! sans doute, puisque l'église paroissiale de Lehon était irrémédiablement condamnée à disparaître, on eût pu, pour la remplacer, avec des souscriptions ordinaires, des quêtes, peut-être aussi l'aumône gouvernementale, réussir à élever quelque pâtisserie en pierre, plus ou moins élé-

gante et solide. Vous avez pensé que l'église abbatiale
de Lehon, l'un des lieux saints de la Bretagne, méritait
d'être relevée de ses ruines, et pour atteindre ce but
difficile vous n'avez épargné ni votre or, ni votre sollicitude. Votre charité n'oubliera pas, j'en suis certain, que
nous n'avons encore ni cloches, ni clocher. Au nom de
la paroisse de Lehon, du diocèse de Saint-Brieuc, de la
Bretagne tout entière, recevez, mes Révérends Pères, les
remerciements les plus vrais, les plus pieux, les plus
reconnaissants de nos cœurs. — Le grand âge et la
santé du Frère Vincent ne lui ont pas permis d'être à
l'honneur, lui qui avait été à la peine ; vous voudrez bien
lui porter nos félicitations et nos regrets.

« Comment taire aussi le concours bienveillant et
empressé que n'ont cessé de prêter à notre grande
œuvre M. le Maire, le Conseil Municipal et le Conseil de
Fabrique? Je suis heureux de constater que l'union la
plus cordiale a toujours régné entre nous pour le plus
grand bien de la commune et de la paroisse. On m'excu-
sera, j'en suis sûr, de donner à cette occasion un souvenir
de cœur à M. Louis Chupin, l'ancien maire, qui, associé
en dévouement pour Lehon au R. P. Anselme, partagea
pendant douze années toutes mes épreuves, et dont
l'amitié ne se démentit pas un seul instant. Quelle joie
c'eût été pour lui d'assister à cette grande journée, dont
il fut, il y a vingt ans, le premier initiateur! C'est avec
une émotion pieuse que je salue ici la présence de deux
de ses fils.

« Permettez-moi de vous adresser aussi un merci,
Monsieur le curé-doyen de Saint-Malo, Monsieur le
recteur de Pordic, vicaire général de Monseigneur
l'évêque de Moulins, Monsieur le supérieur des Cordeliers, Monsieur le chanoine Delahaye, vous tous,

mes chers confrères, dont la présence sacerdotale a
rehaussé l'éclat tout surnaturel de cette consécration.
Vous ne m'en voudrez pas de faire mention spéciale de
M. l'archiprêtre de Saint-Sauveur, dont l'affection, dans
plus d'une heure difficile, me soutint de ses encourage-
ments et de ses prudents conseils; de M. le chanoine de
la Villerabel, dont les notes sympathiques dans la *Semaine Religieuse* ont montré plus d'une fois avec quel
intérêt il suivait pas à pas notre restauration et combien
son âme si dévouée à la Bretagne, à ses monuments, à
ses traditions, se réjouissait de nos lents mais sérieux
progrès; de M. le recteur de Plessala, mon sympathique
prédécesseur; ce fut en partie grâce à son zèle que les
ruines de la chapelle furent données à la commune, et ce
fut sous son rectorat qu'eut lieu la première souscription.

« A tous ceux qui m'ont aidé, souscripteurs, donateurs
de vitraux, de la garniture d'autel, de l'orgue, du chemin
de Croix, bienfaiteurs présents, absents ou inconnus,
j'adresse le plus reconnaissant des mercis ; que les jolis
dessins à la plume de M. le comte de Brecey, de M. le
capitaine de la Bigne et de quelques autres amis veuil-
lent bien prendre leur part méritée du compliment.

« Quand j'aurai remercié M. Guidet, qui a pris la suite
des travaux de F. Vincent et qui, secondé par l'activité
intelligente de M. Rondel, les a menés à bien, félicité
M. Hébert, l'habile et modeste sculpteur de la chaire et
de l'autel, complimenté M. Vermonet de ses admirables
vitraux, exprimé mes sentiments de plus dévouée reconnaissance aux chers orphelins de l'Oratoire salésien
d'avoir si bien exécuté les chants de ce matin, et à leur
habile accompagnateur, loué aussi les mains délicates
qui ont avec tant de bon goût orné cette salle et décoré
l'église, enfin conféré — autant que j'en ai le pouvoir —

au cher Frère Déodat le grand cordon bleu de l'Ordre de
Savoie, j'espère n'avoir oublié personne de mes véné-
rés et très honorables convives, ni aucun témoin de
cette inoubliable fête. »

Monseigneur répond à M. Fouéré-Macé en le saluant
de son nouveau titre et renouvelle l'expression de son
bonheur. Après un nouvel hommage aux prélats qui
l'entourent, il salue en M. le colonel de Brecey et M. le
capitaine de la Bigne les représentants de cette vaillante
armée qui sait donner à la France non seulement son
temps, ses forces, mais encore son sang et sa vie. Puis
Sa Grandeur redit à ses prêtres sa confiance en eux ;
elle rappelle combien la lutte est difficile aujourd'hui et
que son véritable terrain est celui de l'école. Enfin elle
termine par l'éloge ardent du Pape Léon XIII, le glorieux Pontife actuellement régnant.

M. le maire de Lehon se lève à son tour et adresse à
Mgr de Saint-Brieuc ce beau discours, que nous sommes
heureux de pouvoir mettre sous les yeux de nos lecteurs.
(Voir le discours de M. de la Gervinais, reproduit plus
haut.)

Enfin, M. le capitaine de la Bigne se lève et donne
lecture d'une lettre que son cousin, M. Arthur de la
Borderie, de l'Institut, vient d'adresser à M. l'abbé
Fouéré-Macé.
(Voir la lettre de M. de la Borderie, reproduite plus
haut.)

Et maintenant NN. SS. les évêques prennent la direction de la gare de Dinan. Ce beau jour approche de son

terme, une grande œuvre a été couronnée. Honneur à
M. le chanoine Fouéré-Macé, recteur de Lehon ! Honneur
aux Frères de Saint-Jean-de-Dieu, les généreux bienfaiteurs de l'église consacrée ! Honneur au R. P. Vincent-
de-Paul, le moine architecte et bâtisseur, aux RR. PP.
Daniel et Samuel, prieur et sous-prieur ! Honneur à tous
ceux qui ont collaboré à la réalisation de cette grande et
généreuse idée de restauration !

(Semaine Religieuse de Saint-Brieuc, numéros
des 16 et 23 juillet 1897.)

L'Abbaye de Lehon.

La magnifique abbaye de Lehon, près Dinan, dont la
restauration vient d'être achevée grâce au concours
généreux des Frères de Saint-Jean-de-Dieu, qui dirigent
à Lehon un asile d'aliénés, et devenue l'église de la
paroisse, a été consacrée hier jeudi par Mgr Dubourg,
évêque de Moulins et ancien vicaire général de Saint-
Brieuc.

NN. SS. Fallières, évêque de Saint-Brieuc, et Belmont,
évêque de Clermont, et le Révérendissime Père abbé de
la Trappe de Thymadeuc, assistaient à la cérémonie,
après laquelle le savant recteur de Lehon, M. l'abbé
Fouéré-Macé, a réuni dans un banquet les prélats, le
clergé et divers bienfaiteurs de la nouvelle église.

Cette réunion a eu lieu dans une salle de l'antique
monastère, décorée de souvenirs de chevalerie par un
capitaine du 24e dragons, M. de la Bigne.

(Supplément à la *Croix* du 10 juillet 1897.)

Lehon.

Fête. — Jeudi 8, Msr Dubourg, évêque de Moulins, consacrait l'église abbatiale de Lehon. Il était assisté de Msr Fallières, de Mgr Belmont, le vaillant évêque de Clermont, et du R. P. Abbé de la Trappe de Thymadeuc et d'un grand nombre de prêtres.

Après la consécration, M. l'abbé Fouéré-Macé, recteur de la paroisse, a pris la parole pour faire l'historique du superbe monument et raconter dans un langage élevé et ému par quelle suite de circonstances heureuses l'église avait échappé à l'entière destruction, puis avait été restaurée pour redevenir la possession de Celui pour qui elle avait été construite.

Msr Fallières a répondu, félicitant les évêques présents, les Frères de Saint-Jean-de-Dieu, les ouvriers véritables de l'édifice nouvellement consacré, et particulièrement M. le recteur de Lehon, à qui il est donné aujourd'hui, après tant d'années de travail, enfin de jouir de son œuvre magnifiquement terminée, et pour lui donner une marque particulière de sa reconnaissance, Monseigneur le nomme chanoine honoraire de sa cathédrale.

La messe était chantée par les jeunes gens de l'Oratoire salésien, accompagnés par les accords d'un orgue, don de M. H. Chupin.

La fête à l'église a été splendide.

A midi, elle s'est transportée de l'église dans l'ancien réfectoire du vieux couvent, tout couvert de belles tapisseries d'Aubusson, orné de panoplies, d'écussons, de boucliers, d'étendards anglais et bretons, autour du manteau rouge bordé d'hermine de Beaumanoir.

Voici l'heure des toasts; M. Fouéré-Macé, Mgr Fallières, M. le maire de Lehon se lèvent tour à tour, puis M. le capitaine de la Bigne donne lecture d'une lettre adressée à M. Fouéré-Macé par son cousin, M. Arthur de la Borderie, de l'Institut. A notre grand regret, nous ne pouvons mettre sous les yeux de nos lecteurs cette lettre charmante, si pleine d'amour de la vieille foi, de l'art et des traditions du passé, comme d'ailleurs nous sommes obligés de ne donner de la fête entière qu'un rapport incomplet et très pâle.

(*La Croix des Côtes-du-Nord* du 18 juillet 1897.)

L'Abbaye de Lehon.

La magnifique abbaye de Lehon, près Dinan, dont la restauration vient d'être achevée grâce au concours généreux des Frères de Saint-Jean-de-Dieu, qui dirigent, à Lehon, un asile d'aliénés, et devenue l'église de la paroisse, a été consacré hier jeudi par Mgr Dubourg, évêque de Moulins et ancien vicaire général de Saint-Brieuc.

Mgr Fallières, évêque de Saint-Brieuc, Mgr Belmont, évêque de Clermont, et le R. P. Abbé de la Trappe de Thymadeuc, assistaient à la cérémonie.

Cette réunion a eu lieu dans une salle de l'antique monastère, décorée de souvenirs de chevalerie par un capitaine du 24e dragons, M. de la Bigne.

(*Gazette de France* du 20 juillet 1897.)

L'Église de Lehon.

On nous écrit :

En rentrant de la campagne, je lis dans l'*Electeur*
votre compte-rendu de la consécration de l'église de
Lehon. Comment n'avez-vous pas mis en pleine lumière
l'honneur qui revient au modeste recteur de Lehon,
M. l'abbé Fouéré-Macé ! Cet honneur est double : le recteur a été *l'âme* de cette grande entreprise poursuivie à
travers tant d'obstacles et heureusement achevée après
douze années ; en second lieu, il a donné une leçon et un
exemple plus que jamais nécessaires : il a reconstruit au
lieu d'abattre ; par le temps qui court, c'est une *nou-
veauté !*

Ne pourriez-vous, à ce propos, publier la lettre que
M. de la Borderie vient d'adresser à M. Fouéré-Macé ?...
Sinon, ne pourriez-vous du moins imprimer le conseil
donné sous une forme humoristique par le savant Pol de
Courcy, le restaurateur de la cathédrale de Saint-Pol-de-
Léon ?

Au Congrès de l'Association Bretonne à Saint-Pol, en
1888, il finissait ainsi un rapport :

« Rappelons, en terminant, aux Conseils de Fabrique,
aux Conseils Municipaux et surtout aux architectes,
que leur consigne, dont ils s'écartent trop souvent,
devrait être celle des dentistes : « *N'arrachez pas, gué-
« rissez !* »

Des journaux parisiens ont rendu compte de la
solennité de Lehon. Je relève dans l'un d'eux : « L'abbaye

renferme les tombeaux des *ducs* de Dinan... » L'année
dernière, un journal parisien signalait les *ducs* de Rieux ;
d'autres ont nommé un *duc* de Retz, un *duc* de Rohan
au xvᵉ siècle ; j'ai sous les yeux un ouvrage prétendu
historique où il est question d'un prince de Rohan à la
même époque...

Et dire que ces découvertes de *ducs* de Dinan, Rieux,
Retz, Rohan, de prince de Rohan, sans parler des autres,
sont faites en Bretagne et par des Bretons ! Au temps de
nos ducs, il n'y avait chez nous qu'un duc, le Duc de
Bretagne.

Ces découvertes de duchés de contrebande font pendant
à la découverte, à Louannec, du tombeau de Perrinaïc,
dont les cendres jetées au vent, à Paris, le 3 septembre 1430, se retrouvaient (on ne dit pas comment)
dans l'église de Louannec.

Agréez, etc...

J. TRÉVÉDY.

(L'*Indépendance Bretonne* du 27 juillet 1897.)

Le Prieuré de Lehon.

8 Juillet.

Dans la pâleur de l'aube, au bruit régulier de la
rivière, du fond de la vallée verte, à l'ombre du frais
coteau, le petit bourg de Lehon s'éveille lentement ; mais
les hauts arbres déjà frissonnent, semble-t-il, et déjà
s'agitent les buissons. Des fenêtres et des portes s'ou-
vrent ; on entend des bruits de pas sur le pavé, et des
chuchotements et des causeries...

J'ai franchi le pont... C'est le matin d'une fête. Ce sont

des guirlandes et des drapeaux, et des arcs de verdure
et de fleurs. Les vieilles maisons sourient, les petites
rues tortueuses font un effort pour se redresser; il y a
de la jeunesse et de la joie dans l'air; la tristesse et la
mort des ruines n'assombrissent plus la solitude; l'église
abbatiale est de nouveau debout dans le prieuré de
Lehon.

Trois évêques, un abbé, des prêtres en grand nombre
et des fidèles en foule accourent, au son des cloches,
pour fêter la résurrection.

Les siècles ont passé depuis le jour où le roi Nominoë,
chassant dans la forêt de Dinan, y rencontrait les six
ermites de Lehon. Alors, c'était un oratoire fait de troncs
d'arbres et de branchages. Et puis, un jour, les reliques
de saint Magloire, pieusement soustraites aux moines de
Serk, sont apportées dans la vallée verte, et pour les
abriter, aidés par les libéralités du roi, les ermites, des
débris du temple de Corseul, se sont bâti une église.

Mais voici les Normands. Les moines fuient avec leurs
trésors, avec leurs reliques, avec la châsse de vermeil du
saint. L'abbaye royale et la basilique sont saccagées,
pillées, incendiées. Pendant plus de cent ans les ruines
fumeuses attestent, dans la solitude verte, *la fureur des
Normands.*

Le souvenir, cependant, vivait de l'ancienne fondation
sur les bords de la Rance, et six moines sont envoyés de
Paris pour relever la ruine centenaire. L'église est bientôt rebâtie, et la prospérité est si rapide dans le domaine
de saint Magloire qu'un siècle après une nouvelle église
remplaçait l'église devenue trop petite pour le zèle des
Bénédictins de Lehon.

Cette église, précieux monument de l'architecture religieuse du moyen-âge, abrita pendant six siècles la prière

des moines dans la vallée. Puis la prière se ralentit et la prière cessa !

La Révolution survint qui mit sa main sanglante sur la porte de l'église, et un acheteur se trouva pour ce *bien national*. Le temps et l'abandon firent le reste : la toiture de l'église s'effondra, les murs s'écroulèrent. Il y a quinze ans, l'abbaye de Lehon était encore une admirable ruine pour Anglais et pour clair de lune; et on pouvait aller y rêver à la vanité de toute chose, au vandalisme révolutionnaire, au passé. Mais y rêver, c'était tout ce qui semblait permis...

Et voilà qu'aujourd'hui on y chante, on y prie !

Le prélat consécrateur est M⁣ᵍʳ Dubourg! A l'œuvre bretonne de restauration il fallait l'onction d'une main bretonne.

Et le long des murs relevés, l'évêque passe pour la cérémonie, entouré de prêtres bretons, et tous lèvent les yeux vers les verrières éclatantes où est retracée, en grandes lignes, l'histoire de saint Magloire et du prieuré de Lehon.

La grande verrière du chœur attire surtout les regards : c'est *la chasse du roi de Bretagne, l'arrivée de la châsse de saint Magloire à Lehon, la guérison de l'infirme de Tours* et *la résurrection de Doithloguen* qui forment les travées; dans les roses et les écoinçons, ce sont *la destruction du temple de Corseul, le départ des reliques des saints bretons, le miracle du pommier, la vision de l'échelle d'or*. La grande rosace, en ses treize médaillons, nous conte la vie et les miracles de saint Magloire. Au dessus de la rosace, l'écusson de du Guesclin et celui de Beaumanoir; au milieu, l'écusson de Bretagne.

Les vitraux de la nef sont inachevés encore. Les pan-

neaux du bas de chaque baie sont illustrés par treize
sujets qui sont des épisodes de l'histoire de l'abbaye ; des
verres blancs attristent encore le haut des fenêtres, mais
la piété des Bretons y fera rayonner, de jour en jour, je
le souhaite, la gloire de la Bretagne sainte en de nouveaux vitraux étincelants [1].

Et maintenant que Dieu a pris possession de la nouvelle église et que le signe de la croix l'atteste sur les
murs, il sied que celui qui l'a bâtie en fasse la remise
solennelle à l'évêque du diocèse.

Le voilà, rassemblant toutes ses forces, faisant appel à
toute son énergie, qui gravit lentement les marches de
la chaire de granit blanc. Brave logeur du Bon Dieu,
voilà treize ans qu'il est à la peine, usant dans cette pensée unique de résurrection toute son ardeur religieuse
et bretonne. Et voilà que, l'église debout, le bâtisseur a dû se coucher, terrassé sous le poids de son
œuvre ; et c'est de son lit qu'il monte à cette chaire !
Il devrait être à la joie, il est exténué sous les préoccu-
pations et les peines ! Du moins il a pu mener à bien
son entreprise et, s'il y a laissé ses forces, il peut se
rendre le témoignage que rien ne fut perdu de ses
efforts.

A l'heure où tant d'autres, en Bretagne, se font les
Vandales de nos lieux saints, soucieux, dirait-on, de
continuer l'œuvre des Normands ou des bandes de la
Terreur, le bon recteur de Lehon, lui, a donné sa vie —
et je l'écris sans figure ! — à la réparation d'un tel sacri-
lège. Il est plus facile d'abattre que de relever, et cette

---

1. M. l'abbé Fouéré-Macé vient de publier chez Caillière une
monographie très intéressante des *Vitraux de l'église abbatiale
de Lehon*, avec de remarquables illustrations de Charles Géniaux.

besogne est souvent plus profitable. Le bon recteur l'a
éprouvé de bien des manières; pourtant le succès est un
aimant qui attire à soi les puissants et les foules. Quand
il posa sa première pierre avec l'aide des Frères Saint-
Jean-de-Dieu, l'abbé Fouéré-Mac' semblait à plusieurs
un fou qui se joint à d'autres fous — c'était le cas de le
dire! et on ne manque jamais de telles plaisanteries! —
et l'œuvre triplement était taxée de folie! Aujourd'hui,
les fous sont ceux qui ont douté, et la foi, encore une
fois, a remué les montagnes!

Et le recteur, d'une voix qui peu à peu s'exalte, raconte
l'histoire de son église. *Son* église, il aurait le droit de
l'appeler ainsi, après tant de *difficultés, d'inquiétudes et
de labeurs;* il remercie Dieu *de lui avoir donné de voir
ce grand jour* et fait appel encore *aux amis de la Bretagne,* pour que l'œuvre entreprise soit achevée dans
tous ses détails.

Mgr Fallières, du haut de l'autel, prend ensuite la
parole pour expliquer aux fidèles le symbolisme de la
consécration d'une église et en dégager la leçon religieuse. Après quelques mots de bienvenue aux évêques
de Moulins et de Clermont, et au P. Abbé de la Trappe,
après avoir loué le zèle du recteur de Lehon, Mgr Fallières descend de l'autel et emprunte à M. l'archiprêtre
de Dinan son rochet et son camail, insignes du canoni-
cat, pour en vêtir le recteur de Lehon. M. le curé de
Saint-Sauveur de Dinan, cependant, revêt les ornements
pontificaux, comme écrivait récemment un romancier
d'un prêtre qui va célébrer la messe; mais *Dieu fasse!*
comme disent les Russes. C'est sur le nouvel autel[1],

---

1. L'autel et la chaire, de pierre bretonne, sont dues au ciseau
d'un Breton, M. Hébert.

après un siècle de solitude et de silence, que la réconciliation suprême va être scellée par le sang de l'agneau.
Dans ces murs profanés, que les onctions saintes ont
consacrés de nouveau, l'Adorable Victime est adorée
encore et les chants des Salésiens disent l'allégresse de
la renaissance, et les têtes se courbent, et les cœurs
battent, dans l'émotion de cette fête qui relie le passé au
présent et le ciel à la terre.

Ce n'est pas dans le réfectoire des moines qu'a lieu le
dîner que le recteur de Lehon offre à ses invités. Le
mauvais état de cette magnifique salle ne l'a pas permis
et c'est à peine si on songe à le regretter, tant le réfectoire improvisé a pris un noble aspect. Tentures d'Aubusson et des Gobelins, tapis d'Orient, armures géantes,
boucliers, étendards, écussons, panoplies, guirlandes de
fleurs, armoiries, verdures, banderoles, quel éblouisse-
ment des yeux [1]! Trois tables s'allongent dans la salle
merveilleuse; et sur le menu qu'illustre un dessin de
M. le capitaine de la Bigne, représentant une vue générale de l'abbaye, avec les armoiries et les devises des
prélats, on lit :

(Voir le menu, p. 17.)

C'est, je pense, en dépit des plaisanteries usées sur les
bombances des moines, le meilleur repas qu'on ait jamais
savouré à l'abbaye depuis la chasse du roi Nominoë. Et,
sans doute aussi, les plus fins discours.

Le chanoine Fouéré-Macé remercie de leur présence à
cette fête les évêques, les amis de Lehon, les bienfaiteurs
de son église. Il regrette l'absence du savant Breton qui
avait qualité pour occuper là, comme partout, la pre-

---

1. C'est à Mlle Yvonne de Ferron et à MM. le capitaine de la
Bigne et de Cosson qu'est dû cet admirable décor.

mière place, M. Arthur de la Borderie, que l'état de sa
santé immobilise à Vitré. Il remercie les Frères Saint-
Jean-de-Dieu, *Frères de la Charité,* qui furent les tré-
soriers de la bonne œuvre, et spécialement le Frère
Vincent-de-Paul, qui en fut l'architecte. Il remercie le
Maire, le Conseil Municipal, le Conseil de Fabrique, les
prêtres, les laïques et jusqu'au bon Frère Déodat, auteur
de cette mirifique mitre en pâte de Savoie qui décore la
table épiscopale. L'excellent recteur le nomme spirituel-
lement *grand cordon bleu de l'Ordre de Savoie.*

Puis c'est un toast quasi officiel. Le maire de Lehon
indique — *ne varietur* — les étapes de la reconstitution
et burine les mérites respectifs de chacun des ouvriers
de la grande œuvre : l'ancien recteur, M. Bouvet, et
l'ancien maire, M. Chupin, ont eu la première idée de la
restauration et firent les premières démarches; Mmes Marin et Depaul ont offert la chapelle des Beaumanoir;
M. Le Sage a *largement ouvert sa bourse à la souscription;* les Frères Saint-Jean-de-Dieu sont les bienfaiteurs de la commune; le Frère Vincent-de-Paul a donné
son temps et sa science d'architecte; le recteur de Lehon
a donné sa vie.

C'est un hommage encore au vénéré recteur, cette
lettre de M. de la Borderie dont M. de la Bigne donne
lecture et qui est à la fois une protestation contre l'œuvre
des Vandales ecclésiastiques — il y en a, paraît-il! — et
un éloge de l'œuvre de reconstruction de Lehon et de son
grand ouvrier.

C'est sur cet éloge, qui doit être le plus précieux au
vaillant recteur, que j'arrêterai ces impressions, sauf à
les clore par un souhait : Puissions-nous entendre avant
peu sonner les cloches de Lehon !

Ce jour-là seulement, l'abbaye aura la grande voix

qu'elle mérite et, mieux que nous alors, la voix aérienne
chantera, comme il sied, non seulement la gloire de
Dieu, mais aussi l'éloge de celui qui a rendu ce sanctuaire au culte catholique et à l'Histoire de Bretagne.

Louis TIERCELIN.

(L'Hermine, numéro du 20 août 1897.)

Consécration de l'église abbatiale de Lehon.

(8 juillet 1897.)

La place nous a manqué, dans le numéro de juillet,
pour parler à nos lecteurs de la consécration de l'église
de Lehon, à laquelle la présence de quatre prélats (no-
tamment de Mgr Fallières, évêque de Saint-Brieuc, et de
Mgr Dubourg, évêque de Moulins) a donné une grande
solennité. Il est encore temps de revenir sur cette belle
fête, célébrée le 8 juillet dernier. Nous tenons à signaler
le discours dans lequel le vénéré et si dévoué recteur de
Lehon, M. l'abbé Fouéré-Macé, a exposé avec tant de
savoir et d'éloquence le passé illustre de cette église,
qu'il a si intelligemment, si artistiquement restaurée.
A ces vibrantes paroles, les mânes des Bénédictins bretons ont à tressaillir de joie, et Mgr l'évêque de Saint-
Brieuc a immédiatement félicité l'orateur en le décorant
du camail e chanoine honoraire.

Présent de cœur à une cérémonie qu'il appelait de tous
ses vœux, mais retenu à Vitré par sa santé, M. Arthur
de la Borderie en avait exprimé son regret dans une
lettre adressée à M. le recteur de Lehon, lettre qui ren-

ferme le plus digne, le plus juste éloge de l'entreprise
menée à bonne fin par ce prêtre éminent. Nos lecteurs,
qui ont suivi avec tant d'intérêt l'admirable restauration
de l'église de Lehon, nous reprocheraient de ne pas la
leur faire connaître. Elle est ainsi conçue :

(Voir la lettre de M. de la Borderie à M. Fouéré-Macé,
citée plus haut.)

Un tel éloge, venant d'une plume aussi autorisée, est
une récompense bien digne de l'œuvre si difficile et
si méritoire que M. le recteur de Lehon a su mener
à bien.

O. DE G.

(Revue de Bretagne, de Vendée et d'Anjou,
numéro d'août 1897.)

L'Église de Lehon pendant dix siècles.

(850-1897)

Sous ce titre, qui lui convient parfaitement, nous voulons mettre sous les yeux de nos lecteurs le discours
si intéressant prononcé, le 8 juillet dernier, par M. l'abbé
Fouéré-Macé, recteur de Lehon, à la cérémonie de la
consécration de son église abbatiale, en présence des
évêques, du nombreux clergé et de la foule des fidèles
réunis pour cette cérémonie. Ce discours est ainsi conçu :

(Voir le discours de M. l'abbé Fouéré-Macé, à l'église,
le jour de la consécration de l'église abbatiale, cité plus
haut, p. 25).

(Revue de Bretagne, de Vendée et d'Anjou,
numéro de septembre 1897.)

4

II

LES VITRAUX

Église de Lehon.

Les baies immenses de la nouvelle et ancienne église de Lehon appellent nécessairement des verrières. M. l'abbé Fouéré-Macé ne pouvait manquer de manifester dans le choix des scènes qui doivent les occuper son zèle ardent pour les précieux souvenirs du prieuré. Le vitrail du fond représentera l'histoire de la fondation de Lehon et des principaux miracles de saint Magloire. Les dessins en sont déjà exécutés par M. Vermonet, de Reims. Les autres fenêtres seront garnies de riche grisaille, au bas de laquelle se détacheront en médaillon ou en plein les sujets suivants : le château-fort et la vieille église parois-siale qui va être détruite; deux scènes splendides de la vie de saint Jean-de-Dieu : le miracle du lavement des pieds à Notre-Seigneur et l'apparition de l'ange Raphaël apportant une corbeille de pains.

L'heure approche où l'immense entreprise de la restau-ration de la chapelle du prieuré arrivera à son terme.

Une grande œuvre aura été accomplie. Les ruines ont leur mélancolique poésie, mais elles ne sont que des débris condamnés à mort. C'est un spectacle consolant de voir disputer au temps des monuments qui sont les témoins d'un glorieux passé.

(Semaine Religieuse de Saint-Brieuc, numéro du 7 décembre 1894.)

L'Église de Lehon.

La restauration de l'église de Lehon avance peu à peu, promettant sans cesse de nouvelles merveilles pour reposer l'âme du visiteur chrétien et l'élever jusqu'au ciel.

L'effort du travail se porte actuellement sur la chapelle de Beaumanoir, un bijou à côté de l'église du prieuré aux voûtes élancées et aux fenêtres immenses.

Bientôt le sol sera nivelé et des milliers de tombereaux de terre enlevés pour permettre de faire les enduits et le dallage.

Nous avons hâte de voir l'exécution de cette dernière entreprise, parce qu'alors nous pourrons véritablement juger dans son ensemble l'œuvre magnifique entreprise par l'actif recteur de Lehon et les dévoués Frères de Saint-Jean-de-Dieu. Il nous sera doux alors de prendre le bâton du pèlerin pour aller réveiller en nos cœurs, avec les souvenirs d'un glorieux passé monastique, les salutaires émotions de l'art chrétien.

La grande verrière du fond sera placée prochainement. Déjà elle est arrivée en lourds colis des ateliers de la maison Vermonet, qui a fourni les délicieux vitraux de la chapelle Saint-Brieuc, que nous ne nous lassons pas d'admirer.

La fenêtre géminée qui est au-dessus du portail, sera occupée par la représentation de deux miracles de Saint-Jean-de-Dieu.

(*Semaine Religieuse* de Saint-Brieuc, numéro du 3 mai 1895.)

Consécration de l'Abbaye restaurée de Lehon.

Les travaux de restauration de l'ancienne abbaye de Lehon ont avancé rapidement depuis quelques mois. Une vaste et superbe église va remplacer à Lehon le très modeste édifice qui sert actuellement d'asile à la prière, et les touristes viendront en foule admirer l'intelligente restauration du vieux temple édifié par les moines bénédictins.

On place en ce moment les vitraux : le vitrail du fond représente l'histoire de la fondation de Lehon et des principaux miracles de saint Magloire. Les peintures en ont été faites par M. Vermonet-Pommery, de Reims. Les cartons, établis sur les données historiques de M. l'abbé Fouéré-Macé, ont été exécutés par M. Pierre Fritel, un de nos premiers dessinateurs pour peintures sur verre. Les autres fenêtres seront garnies de riche grisaille au bas de laquelle se détacheront les sujets suivants : Le château-fort et la vieille église paroissiale, qui va être détruite; deux scènes de la vie de saint Jean-de-Dieu : le miracle du lavement des pieds à Notre-Seigneur et l'apparition de l'ange Raphaël apportant une corbeille de pains.

A noter, dans la scène de l'ange Raphaël, la silhouette

fort exacte de l'église et du parloir des Frères de Saint-Jean-de-Dieu.

Un des vitraux a été donné par la famille Chupin, un autre par la famille Pépin, un troisième par la famille Le Fer de la Gervinais, un quatrième par les familles Bodinier, J.-B. Amiot, Baudry et Mlle Angélina Brûlé.

Une belle chaire de granit et un autel, également en pierre de Kérinan, dus au ciseau de M. Jean Hébert, frère de M. Hébert, de Dinan, seront bientôt placés.

Comme le faisait remarquer, il y a quelques mois, la *Semaine Religieuse,* « une grande œuvre aura été accomplie. Les ruines ont leur mélancolique poésie, mais elles ne sont que des débris condamnés à mort. C'est un spectacle consolant de voir disputer au temps les monuments témoins d'un glorieux passé. »

Nous apprenons que la consécration de la nouvelle église vient d'être fixée : elle aura lieu le jeudi 8 juillet et sera faite par Mgr Dubourg, évêque de Moulins, ancien vicaire général de notre diocèse. Mgr Fallières, évêque de Saint-Brieuc, présidera cette imposante cérémonie.

(*Union Malouine et Dinannaise,* numéro du 21 mars 1897.)

Restauration de l'Église.

LEHON. — On achève en ce moment à l'église de Lehon, restaurée par les soins des religieux de Saint-Jean-de-Dieu et de M. l'abbé Fouéré-Macé, recteur de Lehon, la pose des vitraux qui orneront les fenêtres du monument.

La grande verrière du chœur, posée, fait un effet

splendide. Au point de vue qui nous intéresse particulièrement, — la question d'art, — nous ne pouvons que
féliciter les restaurateurs du monument, et en particulier
M. Fouéré-Macé, d'avoir rompu avec des errements
suivis depuis trop longtemps par ailleurs, errements qui
consistent à apposer dans les églises des vitraux fabri-
qués au mille sur des sujets quelconques et d'une déplo-
rable banalité.

A Lehon, il n'y a pas un vitrail qui ne retrace quelque
fait de l'histoire religieuse ou légendaire de l'abbaye.
Comme nos lecteurs pourront s'en rendre compte, on
ne pouvait mieux concilier, comme choix de sujets, les
exigences d'un monument destiné au culte avec un goût
d'art très sûr et une science approfondie de l'histoire
locale.

(*Union Libérale,* numéro du 21 mars 1897.)

Les Vitraux de Lehon.

La plaquette n'est pas grosse! Elle compte 58 pages
d'un papier de luxe, mais si vous l'ouvrez, vous trouvez
dans un délicieux écrin les plus fines pierreries.

C'est une œuvre qui fait le plus grand honneur à
M. Hyacinthe Caillière, l'habile éditeur de la place du
Palais, à Rennes. Disons aussitôt que les illustrations
sont de M. Charles Géniaux et que l'impression en a
été confiée aux meilleurs ouvriers de M. Oberthür.

Aussi recommandons-nous à nos lecteurs, sans crainte
de leur ménager aucune désillusion : *Les Vitraux de
l'église abbatiale de Lehon,* par M. le chanoine
Fouéré-Macé; « les verrières historiées sont loin d'être
un spécimen de ces vitraux de fabrication courante dont

sont trop souvent ornées nos églises. » Le prêtre distingué qui a présidé à l'ordonnance de ces peintures sur
verre est trop Breton et trop traditionaliste pour ne les
avoir pas harmonisées avec l'idée de rénovation qui a
présidé à la restauration des ruines de l'ancienne chapelle de saint Magloire. C'est pourquoi il les présente
lui-même au public et lui en raconte la légende.

Bien que plusieurs d'entre elles aient un intérêt plus
historique qu'hagiographique, ce qu'une critique sévère
ne trouverait pas parfaitement orthodoxe, le dévot pèlerin pardonnera vite à M. le recteur de Lehon revivant
avec lui tout le passé de cet antique sanctuaire et en se
pénétrant du charme pieux de ces lointaines gloires.

(*Semaine Religieuse* de Saint-Brieuc, numéro
du 13 août 1897.)

Les Vitraux de Lehon.

La maison d'édition Caillière, de Rennes, vient de
faire paraître un nouvel et un fort intéressant ouvrage de
M. le chanoine Fouéré-Macé, recteur de Lehon, sur *Les
Vitraux de l'église abbatiale de Lehon*.

On sait que ces verrières, admirablement réussies par
le peintre, sont particulièrement originales dans le bon
sens du mot. M. Fouéré-Macé a, en effet, voulu que ces
vitraux fussent tous consacrés à Lehon, à l'histoire véridique et légendaire de son abbaye; qu'ils fussent à la
fois une page d'histoire locale et d'art religieux.

Mais justement parce que ces vitraux sortent des sem-
piternelles verrières banales à sujets quelconques qu'on
est à peu près sûr de trouver dans n'importe quelle
église de n'importe quel pays, « il importait, dit le dis-

tingué historien dans son avant-propos, de donner sans plus tarder au public, empressé de visiter la nouvelle église, l'explication des scènes et des tableaux représentés dans les différentes fenêtres du sanctuaire, de la nef et du portail. »

C'est ce que M. Fouéré-Macé a fait, sous la forme littéraire accomplie qui lui est coutumière. Certaines légendes sont contées de façon exquise... Le nouvel ouvrage de l'auteur du *Prieuré Royal*, avec son impression de très grand luxe, va être un joyau de bibliothèque que tiendront à posséder tous les bibliophiles, tous les artistes — et tous les fervents d'art religieux.

Maintenant, ne faudrait-il pas qu'une édition de l'ouvrage, à très bon marché, sans gravures et seulement avec les explications indispensables, soit mis à l'abbaye à la disposition des visiteurs ?

A l'Église.

LEHON. — On pose en ce moment un chemin de croix sur les murs de l'église nouvelle de Lehon.

Ce chemin de croix est l'œuvre très soignée d'un jeune peintre de talent, M. Cabane, second prix de Rome.

(Union Libérale, numéro du 22 août 1897.)

Les Vitraux de l'Église abbatiale de Lehon.

La *Croix* annonçait, il y a quelque temps, le beau et savant ouvrage de M. le chanoine Fouéré-Macé : *Le Prieuré royal de Saint-Magloire de Lehon*, édité à

Rennes avec le soin que la maison Caillière apporte à toutes ses publications ; le *Pèlerin,* de son côté, dans plusieurs numéros consécutifs, a donné de très intéressants extraits de cet ouvrage. Celui que nous annonçons en est le complément naturel.

Il y a six semaines, en effet, l'église abbatiale de Lehon, relevée de ses ruines grâce à d'insignes libéralités et à d'incessants efforts, était solennellement consacrée et voyait se renouer la chaine de ses glorieuses traditions. Obéissant à une inspiration des plus heureuses, M. l'abbé Fouéré-Macé a fait revivre, dans des vitraux artistiques d'un goût parfait reproduits ici en trente-huit belles gravures en couleurs avec texte explicatif, toute l'histoire véridique et légendaire de Lehon et de son abbaye. C'est une page de plusieurs siècles d'histoire nationale et religieuse, que l'archéologue, l'artiste, l'homme de goût, parcourront avec le plus vif intérêt.

L'ouvrage, imprimé sur papier de luxe, se vend 3 fr., au profit de l'achèvement de la décoration de l'église de Lehon. (H. Caillière, éditeur, 2, place du Palais, à Rennes.)

(*La Croix,* numéro du 5 septembre 1897.)

Les Vitraux de Lehon.

Nous avons parlé à nos lecteurs de la magnifique plaquette que vient de faire éditer M. le chanoine Fouéré-Macé, recteur de Lehon, et dans laquelle l'éminent historien a donné un commentaire si intéressant des faits historiques et légendaires locaux que retracent les admirables vitraux de la nouvelle église.

Nos lecteurs pourront se procurer cette plaquette, qui

comprend la reproduction en couleurs desdits vitraux, au prix de 3 fr. l'exemplaire.

(*Union Libérale* du 5 septembre 1897.)

Les Vitraux de l'Église abbatiale de Lehon.

M. l'abbé Fouéré-Macé, recteur de Lehon, vient de publier une charmante brochure intitulée : *Les Vitraux de l'église abbatiale de Lehon*. C'est l'explication des scènes et tableaux représentés dans les différentes fenêtres du sanctuaire, de la nef et du portail. Ces vitraux sont consacrés à Lehon, à l'histoire véridique et légendaire de son abbaye. C'est donc tout le passé du pays, depuis la chasse du roi Nominoë vers 850, au bord de la Rance, qui se déroule sous les yeux du lecteur et du visiteur.

Ajoutons que les vitraux de Lehon se trouvent admirablement reproduits dans cette brochure, d'après M. Charles Géniaux; les explications qui les accompagnent sont fort intéressantes.

Cet ouvrage si artistique est en vente, au prix de 3 fr., à la librairie F. Bazouge, à Dinan.

(*Union Malouine et Dinannaise,* numéro du 12 septembre 1897.)

Les Vitraux de l'Église abbatiale de Lehon,

Par M. Fouéré-Macé.

M. le recteur de Lehon parle, à la fin de son discours,
des beaux vitraux dont il a orné la veille église abbatiale; ces vitraux, sortis de la fabrique renommée de
M. Vermonet, de Reims, sont d'une exécution tout à fait
artistique et d'une originalité toute particulière, car ils
représentent toute l'histoire de l'abbaye et de la paroisse
de Lehon, depuis saint Magloire et Nominoë jusqu'aux
douloureuses scènes de l'époque de la Terreur. — Dans
un charmant livret édité par M. Caillière (place du
Palais, 2, à Rennes), M. Fouéré-Macé a donné, en style
excellent et très intéressant, l'explication des trente à
quarante sujets contenus dans ces verrières, et un artiste
photographe des plus habiles, M. Charles Géniaux, y a
joint la reproduction de tous ces sujets, qui forme une
délicieuse illustration pour ce joli livret, que nous nous
plaisons à recommander à tous les amateurs de belles
choses, de belles impressions et de belles illustrations
bretonnes.

A. DE LA B.

*(Revue de Bretagne, de Vendée et d'Anjou,
numéro de septembre 1897.)*

Les Vitraux de l'Église abbatiale de Lehon,

par l'abbé FOUÉRÉ-MACÉ, recteur de Lehon. — Illustrations de
Charles Géniaux. — Rennes, Hyacinthe Caillière.

. . . .

Cette introduction un peu longue, mais qui met le
lecteur au courant d'une polémique piquante, a pour but
de nous amener à lui recommander la lecture d'une jolie
brochure qui vient de paraître sur les *Vitraux de l'église
de Lehon.*

C'est la description de ces vitraux, écrite par M. le
recteur de Lehon lui-même, expliquée par des photogra-
phies très réussies de Charles Géniaux et merveilleuse-
ment reproduites, en teintes diverses, par la maison
Oberthür.

Cette petite brochure, imprimée sur magnifique papier,
est une véritable œuvre d'art, consacrée à une œuvre
d'art.

M. le recteur de Lehon n'a pas voulu, en effet, repro-
duire seulement sur ces vitraux des sujets pieux, fort
louables assurément, mais souvent d'une banalité déses-
pérante; il a eu l'idée heureuse d'y retracer toute l'histoire de l'abbaye elle-même. A coup sûr, aucun sujet
n'était plus de nature à inspirer la piété que ces tableaux
de la foi de nos pères et les miracles de saint Magloire et
de saint Samson.

Depuis l'époque de la fondation jusqu'aux tristes épisodes de la Révolution, les fastes de l'abbaye sont reproduits dans ces quarante verrières.

Elles sont sorties de la fabrique renommée de M. Vermonet, de Reims, et leur exécution, très artistique, est
digne de l'église.

Les très jolies reproductions, dues à l'habileté de
M. Charles Géniaux, donnent parfaitement l'idée des
vitraux.

Nous recommandons aux bibliophiles cette plaquette
distinguée, digne de figurer dans le coin choisi d'une
bibliothèque bretonne; et nous recommandons de nouveau au public cette œuvre utile — quoi qu'on en dise —
si habilement conçue et si heureusement réalisée. Que
beaucoup lisent cette brochure, qu'un plus grand nombre
aille visiter l'église de Lehon, et qu'un plus grand
nombre encore apporte à l'aimable et savant recteur de
Lehon l'obole — grosse ou petite — nécessaire pour
achever sa belle entreprise!

.. C'est la grâce, qu'à notre tour, nous lui souhaitons.

B. P.

(Journal de Rennes, numéro du 4 octobre 1897.)

Cloches de Bretagne.

. . . .

Un autre livre m'arrive de Bretagne dont je veux parler, encore qu'il ait surtout un intérêt archéologique et
local, mais il peut en sortir un bel enseignement. *Les
Vitraux de l'église abbatiale de Lehon* nous retracent
l'histoire du prieuré royal et la vie miraculeuse de saint
Magloire. Mais ce qui est miraculeux surtout et visible
pour les plus endurcis incrédules, c'est l'œuvre admirable d'un pauvre prêtre dont l'énergie patiente et le
savoir ont reconstitué pierre par pierre cette belle église
de Lehon que les Vandales de 1793 avaient mutilée et
pour ainsi dire anéantie. Les beaux vitraux qui vont

maintenant, au soleil, tels des cuivres éclatants, crier la
gloire des saints et les victoires des héros d'Armorique,
c'est à sa persévérance jamais abattue que nous les
devons. Le hasard me fit rencontrer un jour ce digne
prêtre [1], la soutane verdie par le soleil et la pluie, souil-
lée de poussière de granit, allant et venant dans son
chantier parmi les maçons et les ymagiers dont il diri-
geait la main et exaltait les âmes en leur montrant la
beauté de l'œuvre qu'ils accomplissaient. Et c'est bien
tels que je me figurais les moines artistes du moyen-âge
à qui nous devons les cathédrales de Tréguier, de Quim-
per, de Saint-Pol, ou tant d'autres, et cette incomparable
assomption qu'est le rocher du Mont Saint-Michel. Nous
lui savons gré aussi d'avoir su préserver jalousement de
la Bande Noire qui opère chez nous un Christ en chêne
d'une réelle perfection anatomique et quatre autres statues, en cœur de chêne également, que j'ai eu le rare
plaisir d'admirer, œuvres de quelque maître sculpteur de
la renaissance. Il a suffi de les débarrasser du plâtre et
des ordures coloriées qui les souillaient pour leur restituer leur splendeur. Mais écoutez ce cri contenu où l'on
sent la fierté d'une âme consciente et heureuse du devoir
accompli : « Ça été pour moi une véritable jouissance
artistique de voir travailler sous mes yeux chacune de
ces pierres et une réelle satisfaction de n'avoir pas eu
besoin des fabriques de terre cuite pour meubler mon
église. Notre sol breton m'a fourni à la fois les blocs de

---

1. J'ai eu en effet le plaisir de voir M. Y. Berthou à Lehon, au
milieu de nos travaux, de l'entendre même me réciter quelques-uns
de ses jolis vers de la *Lande fleurie*. Mais le portrait qu'il trace
ici est probablement celui du Frère Vincent-de-Paul, le patient
maître d'œuvre de la restauration. *Cui honorem, honorem.*

M. F. M.

granit et l'artiste qui les a si admirablement ciselés! »
Si nos prêtres se remettent, enfin! à aimer et à restaurer
nos ruines, nous pouvons encore espérer de beaux jours
pour la Foi et pour l'Art. Nous exaltons le nom de
M. l'abbé Fouéré-Macé comme une oriflamme dans
l'aube.

Yves BERTHOU.

(La Trève-Dieu, numéro d'octobre 1897.)

Avant-Propos du volume intitulé : **Les Vitraux de
l'église abbatiale de Lehon,** par l'abbé
Fouéré-Macé.

Après treize années de difficultés nombreuses et variées, souvent très âpres, la restauration de l'église
abbatiale de Lehon s'achève enfin. Au point de vue
architectural, la description de l'édifice sera certaine-
ment faite par des gens compétents. Mais il importe de
donner sans plus tarder au public, empressé de visiter
déjà cette belle église, l'explication des scènes et tableaux
représentés dans les différentes fenêtres du sanctuaire,
de la nef et du portail.

Disons tout d'abord que ces verrières historiées « sont
loin d'être un spécimen de ces vitraux de fabrication
courante dont sont trop souvent ornées nos églises, »
qu'elles sont originales et bien bretonnes. Dévoué de
cœur et d'âme à nos antiques traditions, j'ai voulu que
les verrières fussent toutes consacrées à Lehon, à l'histoire véridique et légendaire de son abbaye; qu'elles
fussent à la fois une page d'histoire locale et d'art religieux.

De même que *Le Prieuré royal de Saint-Magloire de*

Lehon, que j'ai publié en 1892, et *Les Miracles de saint Magloire,* par M. A. de la Borderie, m'ont inspiré dans le choix des sujets à représenter et dans leur arrangement, c'est le texte de ces deux ouvrages qui va expliquer à son tour les différentes scènes peintes sur les vitraux. Dessins et texte ne font qu'un et s'expliquent nécessairement l'un par l'autre.

A l'histoire écrite de Lehon viennent donc ainsi harmonieusement s'ajouter ces pages gravées sur le verre, tout étincelantes de lumières et de riches couleurs. J'espère que l'antique chapelle abbatiale de Lehon est bien désormais, et pour toujours, sortie des ruines et de l'oubli. Dieu a daigné récompenser nos efforts et nos souffrances; qu'il en soit béni!

Lehon, le 8 juillet 1897.

M. FOUÉRÉ-MACÉ.

III

LES TOMBEAUX

—

Extrait du Registre des Délibérations du Conseil Municipal de Dinan.

Procès-Verbal de la Séance du 22 Mai

L'an 1897, le samedi 22 mai, à cinq heures du soir, le Conseil Municipal de Dinan, dûment convoqué, s'est réuni en séance ordinaire, sous la présidence de M. Jean Even, maire.

Présents : MM. Even, maire; Eude et Jouanin, adjoints; Jacquemin, Peigné, Brisebarre, Geffroy, Durand, Trévily, Rolland, Ollivier Joseph, de Satgé, Ollivier Jean, Gauvin, Fouéré, Geistdoerfer, Barbé, Lhermitte, Perquis et Thomas.

Absents pour motifs : MM. Flaud et Tostivint.

M. Peigné est élu secrétaire.

Musée. — Pierres tombales des Beaumanoir : Demande de M. l'abbé Fouéré-Macé, Recteur de Léhon.

M. le Maire donne lecture d'une lettre de M. le recteur de Lehon et d'une autre lettre de M. le Maire de la même commune, tendant au rétablissement, dans l'église communale restaurée, des pierres tombales de la famille Beaumanoir, actuellement déposées au Musée de Dinan. Ces lettres sont ainsi conçues :

1° *Lettre de M. le Maire de Lehon :*

MONSIEUR ET CHER COLLÈGUE,

J'ai l'honneur de vous transmettre une lettre de M. le recteur de Lehon, exprimant le désir que ses paroissiens ont de voir les vieilles pierres tombales de la chapelle des Beaumanoir reprendre leurs anciennes places dans l'église que nous terminons et qui d'ici peu sera livrée au culte.

J'espère, Monsieur le Maire, que le Conseil Municipal de Dinan voudra bien faire droit à notre demande et permettra à la commune de Lehon de reprendre les pierres tombales que vous avez au Musée de Dinan.

Veuillez agréer, etc.

Signé : F. LE FER DE LA GERVINAIS.

2° *Lettre de M. le Recteur de Lehon :*

« Lehon, 26 février 1897.

« MONSIEUR LE MAIRE,

« L'heure me semble venue de réaliser la très louable pensée des habitants de Lehon, de rétablir dans l'église abbatiale, dont la restauration s'achève, les pierres tumulaires des vieux chevaliers et des nobles dames qui reposèrent durant tant de siècles sous la garde de la prière et de la pieuse reconnaissance des moines de *Saint-Magloire.*

« Avant la Révolution française, cinq tombeaux existaient dans la chapelle dite *des Beaumanoir.* Six de chevaliers étaient disposés dans l'église, trois par trois, de chaque côté de l'autel, et d'autres de divers personnages s'étendaient le long de la nef, contenant, les uns les restes de prieurs, les autres ceux de nobles dames, bienfaitrices du monastère. Il ne reste plus aujourd'hui dans l'église abbatiale que deux des pierres tumulaires qui recouvraient ces tombes : l'une, mutilée, d'une châtelaine du XIVᵉ siècle, dans l'un des enfeus du côté Sud de la nef, si gracieusement sculptés, et les débris d'une autre statue, portant au cou une large croix suspendue par un long ruban. Cette dernière a été tout récemment découverte au milieu des décombres, sous la seconde fenêtre du côté Nord, en pratiquant une ouverture pour le nouveau confessionnal. Ces deux statues sont en pierre blanche; tout en méritant notre respect, elles ont peu de valeur historique, puisque le nom de ces femmes, bien qu'illustre probablement, nous est inconnu.

« Par contre, le Musée de Dinan possède six de nos anciennes pierres tombales, dont voici l'énumération précise, avec les numéros d'ordre de chacune d'elles :

« Nº 2. — Jean de Beaumanoir, fils du héros du *combat des Trente,* assassiné en 1385 par Rolland Moysant, à l'instigation de Pierre de Tournemine, seigneur de la Hunaudaye. Robert de Beaumanoir ne se contenta pas de venger en champ-clos le meurtre de son frère, il « ordonna grant et bel accoutrement de deuil à honorer de son frère deffunt, et son corps porté fû en la chapelle des Beaumanoir, en l'abbaye de Lehon, proche la cité de Lehon, et illec fit venir habile statuaire pour illec ouvrer la statue du mort... » Quand le travail de l'artiste fut terminé, les Religieux convoquèrent à l'inauguration du tombeau le clergé de Dinan et des environs; le peuple et les seigneurs du pays vinrent aussi en grand nombre à la cérémonie funèbre rendre leurs derniers devoirs à l'infortuné chevalier.

« N° 4. — Typhaine du Guesclin, nièce du grand connétable, épouse de Jean de Beaumanoir. La statue de cette noble dame est sculptée en relief sur une large pierre décorée de six écussons aux armes de Beaumanoir — *d'azur à six billettes d'argent.* Elle porte une armure de bataille, recouverte d'une longue cotte d'armes, boutonnée par devant; à ses pieds une *aigle éployée* — blason des du Guesclin — tient dans son bec un septième écusson à billettes.

« N° 6. — Pierre sépulcrale d'un prieur, gravée en demi-relief; la tête de marbre en a été arrachée. Elle provient de l'un des enfeus du côté Sud de la nef, et date peut-être du XIIIe siècle.

« N° 7. — Extraite de la chapelle des Beaumanoir, cette pierre tumulaire représente un *guerrier* avec l'armure de fer, la cotte d'armes, l'épée de combat. Deux levrettes sont couchées à ses pieds. L'écusson porte une croix et une étoile en brisure au franc canton. On lit ces mots gravés autour de la pierre : « CI-GIST : RAOULIN : POLLO : DE : REDON : PÈRE : DU : PRIEUR : DE : CEANS : QUI : THESPASSA : LE XVIII : JOUR : DE : NOVEMBRE : L'AN : MIL : IIII : ET : XVI : DIEU : LUI : PARDONT : AMEN. » Le frère de Raoulin reposait sous une pierre semblable.

« Nos 8 et 9. — Deux seigneurs de Rennes, tués à la guerre. Ils sont revêtus, par dessus leur armure, d'une soubreveste boutonnée retombant un peu au-dessus du genou. Une large ceinture soutient leur épée; leurs mains sont jointes sur la poitrine et leurs pieds reposent sur un lion. La sculpture en demi-relief de ces deux chevaliers est d'un dessin tellement identique, qu'il y a tout lieu de penser que ces deux chevaliers étaient frères. Ces deux pierres tumulaires viennent aussi de la chapelle des Beaumanoir. Les deux tombeaux, taillés dans le roc, à gauche de l'entrée, n'étaient séparés que par une murette en briques.

« Ces pierres sépulcrales furent transportées à Dinan, en mai 1843, par M. Odorici. Voici comment, dans son ouvrage intitulé : *Recherches sur Dinan et ses environs,* il s'exprime lui-même, p. 564, au sujet du voyage de ces pierres de Lehon à Dinan : « ... Comme les pierres « sépulcrales gisaient là pêle-mêle, et entre autres celles « de Messire Jehan, fils du sire de Beaumanoir, nous « prîmes le parti un beau jour de les faire transporter « dans la grande salle du rez-de-chaussée de la Mairie, « où nous avions formé le projet, dès ce moment, d'y « fonder un Musée. »

« Je ne puis nier que le transfert de ces dalles, d'un intérêt historique incontestable, les a probablement sauvées de la destruction, et nous devons des remerciements à la ville de Dinan de les avoir ainsi conservées à l'abri de toute mutilation.

« Mais aujourd'hui que l'antique église abbatiale retrouve son ancienne splendeur, n'est-il pas convenable de réintégrer chez nous ces pierres, véritablement lehonnaises, si précieuses pour nous? Ne font-elles pas, pour ainsi dire, partie intégrante et comme nécessaire de la restauration de cette belle chapelle, qui, depuis près de treize années, nous a coûté tant de soucis et de travaux? Je les ai sans doute reprises *à la plume,* il y

a cinq ans, et couchées aux p. 269, 273, 274 et 275
du *Prieuré royal;* mais cela peut-il suffire? Evidemment
non !

« Il me plaît donc de penser que mes compatriotes de
Dinan, nos voisins, auront l'âme assez généreuse pour
nous faire, à votre demande, Monsieur le Maire, l'abandon gracieux, sinon des six pierres citées plus haut, du
moins de quelques-unes, tout particulièrement des nᵒˢ 2
et 4, celles de Beaumanoir et de son épouse, Typhaine
du Guesclin.

« Les étrangers les visiteront plus facilement dans
notre église qu'au Musée de Dinan. Il me semble aussi
qu'elles y dormiront plus à l'aise, et je me réjouis à
la pensée que les âmes de ces glorieux morts seront
heureuses de revoir enfin chez elles ces pierres, dont
elles cherchent en vain, depuis cent ans, dans leurs
nocturnes visites, la place d'autrefois.

« Veuillez agréer, Monsieur le Maire, l'assurance de
mon plus respectueux dévouement.

« M. FOUÉRÉ-MACÉ,

« Recteur de Lehon. »

La lettre de M. le Recteur est appuyée par une lettre
de M. de la Gervinais, maire de Lehon.

Ces lettres donnent lieu à une très vive discussion.

M. EUDE. — Je ne suis pas d'avis de les rendre. Elles
sont venues dans notre Musée du consentement du propriétaire.

M. BRISEBARRE. — La ville les a-t-elles prises ou nous
en a-t-on fait cadeau?

M. GEFFROY. — Nous ne les avons pas volées.

M. EUDE. — Je ne sais au juste comment elles sont

venues au Musée; mais elles ont été charroyées là aux frais de la ville.

Docteur Barbé. — Je trouve qu'on a bien fait de sauver ces pierres-là et de les protéger contre la destruction, mais on fera bien aussi de les rendre; elles seront mieux dans une chapelle que dans le Musée.

M. Jacquemin. — Je suis de l'avis de M. Barbé. Il ne m'apparaît pas, d'ailleurs, que la cession ait été consentie. Elles ont été transportées sans opposition des propriétaires, mais ils n'ont peut-être pas eu connaissance de ce transport. Il serait excessif et rigoureux d'invoquer à ce sujet la prescription. Elles devraient être replacées là où elles étaient dans l'ancienne abbaye.

M. Eude. — Si elles n'ont pas été cédées à la ville de Dinan, elles n'ont pas été davantage cédées à Lehon. M. Bullourde, quand il a vendu l'abbaye, n'a pas vendu les pierres tombales.

M. Rolland. — Elles doivent y retourner, ne serait-ce que pour la mémoire des morts. C'est une restitution.

M. le Maire. — Je suis d'avis que si l'on doit faire la restitution, il faut la faire complète. Ce n'est pas la peine d'en donner deux seulement; il faut donner les autres.

M. Geffroy. — Y a-t-il eu autorisation d'enlèvement?

M. le Maire. — Pour l'honneur de mes prédécesseurs, les anciens maires, j'aime à croire qu'ils ne sont pas allés s'emparer de ces pierres tombales. S'il n'y a pas eu cession, il y a eu autorisation. Elles sont un peu gênantes au Musée, mais on pourrait en tirer un parti très intéressant, les placer le long des parois de l'Hôtel-de-Ville, entre les fenêtres de l'extérieur, avec une espèce de dais en pierres de taille pour les protéger contre la pluie. Il y aurait là une décoration qui ne manquerait pas de charme.

M. ROLLAND. — Ceux qui ont fait faire ces pierres tombales, c'était pour vénérer la mémoire de leurs morts; les pierres doivent être remises dans l'endroit où elles étaient.

M. THOMAS. — Faisons une restitution temporaire.

M. LE MAIRE. — Croyez-vous qu'on régularise cette donation-là? Je ne le crois pas. L'Administration des Beaux-Arts nous dira : Voilà des pierres qui font partie du patrimoine artistique de votre ville; vous n'avez pas le droit de vous en défaire. Cela existe dans notre inventaire, et elles sont inscrites dans notre catalogue. Si vous remettez cela à titre de don, vous allez vous heurter à un *non possumus* de la part de la Préfecture.

M. JACQUEMIN. — L'origine du droit de propriété de ces pierres est tout à fait obscure. Il n'est nullement démontré qu'il y ait eu cession librement consentie par ceux qui avaient le droit de la consentir. Ces pierres ont une destination évidente; elles étaient faites pour couvrir des sépultures destinées à rester dans l'église abbatiale de Lehon.

M. EUDE. — Dans tous les cas, je demande qu'on n'en donne que deux, puisque M. le Recteur insiste pour en obtenir deux seulement.

M. GEFFROY. — Rien ne presse; ne pourrait-on pas chercher dans les registres de la mairie pour savoir si elles n'ont pas été données à la ville?

Un tel brouhaha se produit qu'il est impossible de saisir toutes les observations qui s'entrecroisent.

M. LE MAIRE. — On pourrait peut-être ne pas remettre toutes les pierres tombales; il ne faut pas aller au-delà de la demande.

PLUSIEURS VOIX. — Donnons-en deux seulement.

DOCTEUR OLLIVIER. — Toutes ou rien.

M. ROLLAND. — C'est une restitution que nous faisons à ceux qui dorment là, pas à d'autres.

Quand vient le moment du vote, il est difficile de s'entendre.

M. LE MAIRE. — Que ceux qui sont d'avis de restituer.....

PLUSIEURS VOIX. — Non, pas restituer, remettre.

Onze voix contre dix se prononcent pour la restitution complète des pierres tombales à l'abbaye de Lehon.

M. EUDE réclame le vote nominal, afin qu'on connaisse bien ceux qui désirent la restitution des pierres.

Onze voix contre neuf se prononcent pour cette restitution.

Ont voté *pour* : MM. Gauvin, Trévily, Fouéré, Rolland, Ollivier (Joseph), Ollivier (Jean), Barbé, Perquis, Lhermitte, de Satgé et Peigné.

Ont voté *contre* : MM. Even, Jacquemin, Eude, Jouanin, Brisebarre, Durand, Geistdorfer, Geffroy, Thomas.

M. JACQUEMIN. — J'ai voté contre la remise de la totalité, mais il est bien entendu que, comme plusieurs de mes collègues, j'étais tout disposé à en donner deux.

(*Union Malouine et Dinannaise,* numéro
du 30 mai 1897.)

Les Tombeaux de Lehon.

M. le Maire donne ensuite lecture d'une lettre de M. Le Fer de la Gervinais, maire de Lehon, communiquant une lettre de M. l'abbé Fouéré-Macé, recteur de Lehon, qui réclame les six pierres tombales se trouvant jadis dans l'église de l'abbaye en ruines et en ce moment au Musée de Dinan.

M. l'abbé Fouéré-Macé fait observer que ces pierres furent apportées à Dinan, en 1843, par M. Odorici, sans qu'on se soit opposé à leur enlèvement, mais aussi sans qu'il y ait eu donation précise. L'honorable recteur reconnaît que leur transport à Dinan les a sauvées d'une destruction presque certaine; mais aujourd'hui que l'église abbatiale est réédifiée, il pense que la place de ces pierres tombales est non dans un Musée où elles ne font d'ailleurs pas bonne figure, mais dans l'église où les avait placées la piété des familles et la reconnaissance des religieux. M. Fouéré-Macé termine en exprimant le vœu que si la ville de Dinan ne voulait pas rendre les six pierres, elle consentît au moins à se dessaisir, au profit de l'église de Lehon, des tombeaux de Beaumanoir et de son épouse Typhaine du Guesclin.

M. Eude. — Je ne suis pas d'avis de rendre ces pierres, qui, en fait, appartiennent à la ville de Dinan.

M. Barbé. — Moi, je pense qu'on a bien fait de les sauver, mais qu'on ferait aussi bien de les rendre.

M. Peigné. — Je n'y vois, pour ma part, aucun inconvénient.

M. Jacquemin. — Je ne pense pas d'ailleurs qu'il y ait eu cession formellement consentie par le propriétaire.

M. Eude. — Si ces pierres n'appartiennent pas à Dinan, elles ne sont pas plus la propriété de l'église de Lehon. L'abbaye, en 1843, appartenait à la famille Bullourde.

M. L'Hermitte. — Il y a un fait : c'est que vous ne pouvez pas opposer de cession à cette réclamation.

M. Even. — Il y a au moins eu autorisation d'enlèvement. J'avoue que, pour ma part, je serais fâché qu'on ne conservât pas ces pierres. Le jour où nos finances nous le permettraient, nous les ferions placer, encadrées, sur la façade de l'Hôtel-de-Ville, entre chaque fenêtre, ce qui donnerait de l'intérêt et un réel cachet artistique au monument.

M. ROLLAND. — C'est possible. Mais ces pierres ont été placées dans une église de Lehon par des gens qui ont voulu vénérer la mémoire de leurs morts. J'estime donc que leur véritable place est dans cette même église.

M. EVEN. — Reste à savoir si l'on nous autorisera à les rendre?

M. EUDE. — En tout cas, qu'on ne les donne pas toutes les six, puisqu'on ne nous en réclame que deux!

M. ROLLAND. — Au cas où nous voudrions absolument garder les quatre autres!

M. EVEN. — Le Conseil semble d'avis de prendre la demande de M. Fouéré-Macé en considération. Entend-il remettre deux pierres ou les remettre toutes?

On passe au vote. Par 11 oui contre 9 non, le Conseil consent à rendre les six pierres tombales.

M. JACQUEMIN. — Je tiens à faire observer que j'ai voté contre la remise des six pierres, puisqu'on n'en réclamait que deux, mais que je suis partisan de la rétrocession de ces deux pierres.

M. JOUANIN. — Moi aussi.

M. DURAND. — Moi aussi.

M. THOMAS. — Et moi de même.

M. EUDE. — Je demande l'inscription nominale de ceux qui ont voté la remise des tombeaux de notre Musée.

Cette inscription se fait et donne le résultat suivant :

Ont voté pour : MM. Gauvin, Trévily, Fouéré, Rolland, Joseph Ollivier, Jean Ollivier, Barbé, Perquis, L'Hermitte, de Satgé et Peigné.

Ont voté contre : MM. Even, Jacquemin, Eude, Jouanin, Brisebarre, Durand, Geistdorfer, Goffroy, Thomas.

(Union Libérale, numéro du 30 mai 1897.)

Pierres Tumulaires.

Des nombreuses pierres tombales qui peuplaient jadis le chœur et la nef de l'église abbatiale de Lehon, ainsi que la chapelle des Beaumanoir, il ne reste plus que la pierre tumulaire d'une châtelaine du XIIIᵉ siècle. — Ne serait-ce point Gervaise de Dinan? — Dans les travaux de déblaiement du sol a été retrouvée la pierre tumulaire d'un prélat. Ces deux pierres couvrent actuellement les deux enfeus, côté Sud de la nef.

L'église possédait de plus six pierres tumulaires qui ont été transportées au Musée de Dinan en 1843, savoir :

1ᵒ Jean de Beaumanoir, fils du héros du combat des Trente.

2ᵒ Typhaine du Guesclin, son épouse, nièce du grand connétable.

3ᵒ Un prieur.

4ᵒ et 5ᵒ Deux seigneurs de Rennes.

6ᵒ Raoulin Pollo, père d'un prieur de Lehon.

Sur ma requête, très sérieusement documentée, le Conseil Municipal de Dinan (séance du 22 mai 1897) a gracieusement rétrocédé ces pierres à l'église abbatiale, dont elles seront un ornement de plus. Comme elles s'y retrouveront à l'aise! Elles seront, pour le visiteur, pour l'historien et l'artiste, une évocation des grands souvenirs de plusieurs siècles d'histoire nationale et religieuse.

(Les Vitraux de l'église abbatiale de Lehon.)

TOMBEAU DU R. P. MARS[1]

✝

Deo opt. Max.
Nec non piæ memoriæ
R^{di} Patris Natalis Mars.

Hic jacet qui in Minori Britanniâ
Observantiâ monasticâ disciplinam jacentem
Erexit, erectam provexit. Natalis scilicet nomine
Et omine Mars, verus sane mundi, Sathanæ et sui
Ipsius triumphator, patria Aurelius, Ordinis
Benedictini, in Majori Monasterio alumnus,
Sanctitatis divi Martini vivum exemplar, et ex
Cineribus Benedicti patris phænix renascens
Hujus cœnobii prior, et felici auspicio primus
Præformator : sacerdotii, doctoratus et observantiæ
Monasticæ triplici laureâ insignitus.
Denique ut alter Gentium Apostolus, bonum
Certamen certavit, fidem servavit, et in brevi
Consummatus, tempora multa explevit.
Ad instar ætatis plenitudinis Christi Cælo maturus,
In ipso ætatis flore, virtutum meritorumque suorum,
Triumphanti agnime circumceptus, diem clausit
supremum
Et ad coronam sibi a summo judice repositam evolavit.
Pridiè kalendas Februarii anno M DC XI.

1. Cette épitaphe, retrouvée aux Archives Dép. des Côtes-du-Nord, a été gravée sur une plaque de marbre et remise dans l'église à l'endroit très probable où se trouvait la tombe du saint homme.

A Dieu Très Bon et Très Grand
et à la pieuse mémoire du R. P. Noël Mars.

—

Ici repose celui qui dans la Petite Bretagne restaura, par l'observance monastique, la discipline relâchée qu'une fois rétablie il maintint florissante. Noël Mars est son nom, nom prédestiné qu'il justifia par son triomphe sur le monde, sur Satan et sur lui-même. Né à Orléans, religieux de l'Ordre de saint Benoît au Grand-Monastère, vivant exemple de la sainteté du Bienheureux Martin, phénix renaissant des cendres de son père saint Benoît, prieur de ce monastère, dont il fut par son heureuse influence le premier réformateur, il ceignit la triple couronne du sacerdoce, du doctorat et de l'observance monastique.

Enfin, comme un second Apôtre des Gentils, il combattit le bon combat, conserva la foi, vécut peu de temps et remplit de nombreuses années.

Mûr pour le Ciel, dans la vigueur de l'âge du Christ, à la fleur même de son âge, entouré du brillant cortège de ses vertus et de ses mérites, il rendit le dernier soupir et s'envola pour recevoir la couronne que lui avait préparée le Souverain Juge, la veille des Calendes de Février, l'an 1611.

LA RUINOMANIE

Pour l'Église de Lehon.

A Monsieur Louis Tiercelin, directeur de l'Hermine.

MON CHER AMI,

À peine avais-je lu le charmant article où vous racontiez, dans le dernier numéro de l'*Hermine*, la consécration de l'église de Lehon, je me donnai le plaisir de vous écrire pour vous féliciter et vous dire à quel point je partage votre sympathie pour le vénérable recteur de Lehon et votre admiration pour son œuvre. Hé bien, cher ami, il paraît que vous et moi nous nous sommes trompés du tout au tout. Cette œuvre ne serait que de la *camelote* d'un goût *saugrenu* — à en croire du moins certain article publié dans le *Journal des Débats,* dix jours après le vôtre (le 29 août dernier), sous la signature *André Hallays,* et dont je veux vous faire connaître les principaux passages, en y joignant, si vous le permettez, quelques observations :

6

L'Abbaye de Lehon

« L'abbaye était en ruine; la voûte de l'église s'était effondrée; les murailles avaient de *larges brèches;* l'herbe et les broussailles *avaient tout envahi*. Cependant ces débris avaient quelque beauté : sur la façade on pouvait admirer encore *les vestiges d'un joli portail roman;* pour le reste de l'église, il suffisait de se laisser prendre à l'illusion que suggère invinciblement un édifice à demi écroulé, et l'imagination avait vite fait de rebâtir une nef ogivale plus haute, plus élancée que ne le fut jamais celle de Lehon.

« Les « restaurateurs » ont passé par là. *Des ruines il ne reste rien aujourd'hui.* A la place se dresse une église *toute neuve. On l'a élevée*, dit-on, *sur les plans de l'ancienne.* C'est possible. Mais ce qui *est certain,* c'est qu'elle est neuve et qu'elle n'est point belle : son *triste mobilier* moderne souligne encore la banalité de son architecture. Aux murs, *un épouvantable chemin de croix.* Quant à la chaire, *elle est de style roman :* quelle camelote! Près de la porte, on a apporté un très vieux et très beau bénitier de pierre sculptée; dans cette construction toute fraîche, son effet est bien *saugrenu :* on dirait qu'on l'a placé là tout exprès pour mieux souligner la *pitoyable erreur* de ceux qui ont entrepris de « restaurer, » c'est-à-dire de *rebâtir l'église* de l'ancien couvent.

« Les ruines de Lehon n'avaient point sans doute une très grande valeur esthétique. Mais, telles qu'elles étaient, elles ne méritaient pas qu'on les fît disparaître pour leur substituer *un pastiche plus ou moins fidèle* de l'ancien édifice. Si les paroissiens de Lehon trouvaient leur église trop petite et trop mesquine, ils pouvaient élever une église neuve sans toucher aux ruines de l'abbaye.

« Cette manie de « restaurer » est une *des plus sottes de notre époque.* J'entends bien qu'il importe de protéger les monuments d'autrefois, si de simples réparations peuvent prolonger leur durée. Mais, *lorsque nous arrivons trop tard et que nous sommes en face de l'irréparable,* laissons donc le temps achever son œuvre. A qui sait bien les interroger, quelques décombres en diront toujours plus long que le décor *factice et glacial* des plus parfaites « restaurations. »

« André HALLAYS. »

Le ton de dénigrement systématique qui règne dans cet article est fait pour inspirer peu de confiance dans ses conclusions. Voyons si cette impression est justifiée.

Sans doute il est de sottes restaurations ; il en est aussi (plus rarement, j'en conviens) d'assez heureuses, et mieux vaut, je l'admets encore, ne pas s'y risquer. Mais toutes les critiques, toutes les imprécations contre les restaurations et les restaurateurs sont ici parfaitement hors de saison, pour l'excellente raison que l'œuvre accomplie par M. le recteur de Lehon n'est point une restauration, du moins dans le sens que l'on donne ici à ce mot.

Le critique prétend qu'avant cette œuvre « l'abbaye était en ruine, que les murailles avaient de *larges brèches,* que l'herbe et les broussailles *avaient tout envahi.* » C'est parfaitement inexact. *Sauf la voûte, l'édifice existait en entier.* La voûte avait été démolie

pendant la Révolution, ses débris ne jonchaient pas
même le sol, car ils avaient été employés en d'autres
constructions. Les quatre murs de l'église étaient debouts,
droits, complets et conservés jusqu'à la corniche; les
pilastres et les colonnes, qui avaient reçu autrefois les
retombés de la voûte, existaient toujours — comme ils
existent encore — avec leurs chapiteaux. Ce n'était
point « *les vestiges* d'un joli portail roman » que « l'on
pouvait admirer sur la façade, » c'était le portail lui-
même, auquel il ne manquait pas une colonnette.

Bref, sauf la voûte, les meneaux des fenêtres et un ou
deux petits clochetons, l'édifice était intact. J'en puis
parler *de visu;* depuis 1850, je l'ai visité nombre de
fois. Dans les derniers temps, il est vrai, commençaient
à paraître sur les murs quelques traces d'infiltrations
pluviales; si l'on ne défendait pas l'édifice contre les
intempéries du climat, des lézardes, des crevasses allaient
bientôt se produire, puis des brèches, enfin la ruine de
ces belles murailles encore si droites, si solides, si bien
d'aplomb. Il était temps d'aviser; toutefois « l'on n'arri-
vait point trop tard » pour conjurer le danger, on n'était
nullement « en face de l'irréparable. » Dès lors, pas
d'hésitation; car le critique des *Débats* le déclare : « *Il
importe de protéger les monuments d'autrefois,* si de
simples réparations peuvent prolonger leur durée. » Ici,
il s'agissait d'une réparation fort simple qui ne pouvait
altérer en rien le caractère de l'édifice tel qu'il existait
encore : il fallait simplement mettre sur ces murs un toit.
Deux maîtres de la science artistique du moyen-âge que
je puis nommer, M. de Caumont et M. Quicherat, que
j'ai eu pour maître à l'École des Chartes, et qui, tous
deux, connaissaient l'église de Lehon, ont exprimé

devant moi, l'un et l'autre, un vif désir de voir assurer, par une toiture, par une couverture quelconque, la conservation de ce monument.

Eh bien, qu'a-t-on fait autre chose? Pour couverture on a fait une voûte dans les données de l'art du moyen-âge, mais on n'a touché *en rien* au reste de l'édifice *tel qu'il existait avant cette réparation* indispensable pour le conserver. Donc, toutes les critiques de l'honorable écrivain des *Débats* contre l'œuvre de M. le recteur de Lehon tombent complètement à faux.

Le critique affirme que l'église actuelle est *toute neuve,* qu'on l'a *rebâtie sur les plans* de l'ancienne église, mais qu'elle n'en est « qu'un pastiche plus ou moins fidèle, » etc. Tout cela, je le répète, est parfaitement inexact : sauf la voûte, *c'est l'ancienne église elle-même,* tout au plus a-t-on remplacé quelques pierres tombées des murs. Mais voici qui est plus curieux. L'honorable rédacteur des *Débats* dit : « L'abbaye était en ruine. Sur la façade, *on pouvait encore admirer les vestiges d'un joli portail roman.* » Trois lignes plus bas il ajoute : « Les « restaurateurs » ont passé par là; *des ruines, il ne reste plus rien aujourd'hui.* » D'où la conclusion forcée, « qu'il ne reste plus rien aujourd'hui » du « joli portail. » Or, avant la réfection de la voûte, ce portail existait, je l'ai dit, non sous forme de *vestiges,* mais intact, absolument complet : et *il subsiste encore de même aujourd'hui.* Voilà comme il n'en reste plus rien.

Le critique n'accorde pas aux ruines de Lehon une grande valeur esthétique. Soit, chacun son goût. Mérimée si artiste, si difficile, les admirait; comme les deux autres maitres cités plus haut (Quicherat et Caumont), il voyait dans cet édifice un type, un excellent et très inté-

ressant spécimen de l'architecture de transition (fin du
xii° siècle) dans l'Ouest de la France et particulièrement
en Bretagne. C'est une vérité incontestable.

Un mot enfin sur le « *triste mobilier.* » L'honorable
écrivain l'a vu avec des yeux très prévenus, ou plutôt, je
le parierais, il ne l'a pas regardé. Sans cela comment
expliquer son silence absolu sur les vitraux, œuvre
excellente et originale de la maison Vermonet, de Reims,
où dans le pur style du xii° siècle se déroule toute l'histoire de l'abbaye, de la paroisse de Lehon et de son vieux
patron saint Magloire? S'il avait donné quelque attention
au Chemin de Croix, au lieu de le traiter d'épouvantable,
il l'eût trouvé très bien peint, comme il l'est en effet, et
comme le nom de son auteur — Cabane, second prix de
Rome — le démontre suffisamment. Quant à la chaire,
c'est plus drôle. « Elle est, dit le critique, de *style
roman :* quelle *camelote!* » Cette chaire est la reproduction identique, trait pour trait, de la « chaire du lecteur, » existant dans le réfectoire gothique (xiv° siècle)
de Lehon, qui a reçu les éloges de Mérimée. Puisqu'elle
reproduit le style du xiv° siècle, elle n'est pas romane :
au contraire, elle est ornée, formée d'une série d'arcades
et arcatures toutes en ogive, en arc brisé ou pointu.
Confondre l'*ogive* gothique et le *plein cintre* roman, en
fait d'ânerie ce n'est point de la *camelote,* c'en est une
de haute volée, dont je me garderai bien d'accuser le
docte critique; mais n'est-ce pas là la preuve évidente
qu'il a jugé sans regarder, ou plutôt qu'il a jugé, criti-
qué, condamné, sur des notes et des renseignements
fournis par des tiers qui ont par trop abusé de sa confiance?

Conclusion : avant de prendre le martinet pour donner
la fessée — et des leçons de bon goût — aux pauvres

provinciaux, les docteurs les plus huppés feront bien de
mettre leurs lunettes, afin de bien voir et savoir ce dont
ils parlent. Sans quoi leurs hautains sermons, leurs
aigres mercuriales pourraient se retourner contre eux.

ARTHUR DE LA BORDERIE,
de l'Institut.

. . . .

..... J'ai dit dans une chronique antérieure la belle fête
de la restauration de l'église de Lehon, redevenue d'actua-
lité encore, puisqu'un homme de talent et d'esprit, pourtant, a cru devoir troubler d'un peu de blague parisienne
la juste fierté du restaurateur intelligent et patient dont
nous avons fait l'éloge et que notre maître M. de la Borderie défend si justement dans cette chronique même[1].

Louis TIERCELIN.

(L'Hermine, numéro du 20 septembre 1897.)

1. Au moment où je donne le bon à tirer de cette feuille, je reçois
d'Yves Berthou, le poète breton, directeur de la Trève-Dieu, une
lettre dont un passage que j'extrais est justement de circonstance :

« J'ai lu avec une joie émue le récit de l'inauguration de l'église
de Lehon dans l'Hermine.

« Le hasard me conduisit un jour à Lehon dans une halte que je
fis à Dinan. J'ignorais complètement où je me trouvais. J'aperçus des
bâtisses qui me firent lever le nez. Je pensai qu'il y avait quelque
chose à voir dans ce vallon... Je fus tout à coup dans un chantier,
où un prêtre, soutane retroussée, donnait des conseils à des maçons
et à des sculpteurs. C'est alors que je fis connaissance avec le si
vénérable prêtre qu'est M. Fouéré-Macé. Que la vie de celui-là serve
d'exemple à tant de jouisseurs qui vendraient les vases sacrés pour
assouvir leurs besoins. C'est pourtant à Dinan que j'ai vu une foule
de choses précieuses, vénérables en tout cas, livrées aux hommes et
aux bêtes... Enfin des fêtes comme celle-là consolent! Puissent-elles
avoir un grand retentissement. »

Il vient d'arriver à un rédacteur du *Journal des Débats*, — esprit du reste distingué, — M. André Hallays, une petite aventure plutôt désagréable.

Les hasards de la villégiature l'ayant amené devant l'église de Lehon, si intelligemment restaurée par son dévoué recteur, l'abbé Fouéré-Macé, le rédacteur parisien s'est senti saisi d'une belle indignation et il a envoyé à son journal un article, plein de traits acérés, contre les *restaurations* et les *restaurateurs* de monuments.

A la place de ruines imposantes et pittoresques, il a vu une église *toute neuve*, « élevée, dit-on, sur les plans de l'ancienne, » mais horrible. Il note « son triste mobilier moderne, » « son épouvantable chemin de croix; » quant à la chaire, « elle est de style roman. Quelle camelote! »

Un vieux bénitier de pierre sculpté produit un effet *saugrenu* dans cette construction neuve, et ne fait que souligner davantage « *la pitoyable erreur* de ceux qui ont entrepris de *restaurer*, c'est-à-dire de rebâtir l'église de l'ancien couvent. »

Il n'y a qu'un malheur : c'est que M. l'abbé Fouéré-Macé, qui n'est pas un vulgaire bâtisseur, mais un archéologue émérite, n'a point *rebâti* l'église abbatiale de Lehon : les murs existaient, le portail était intact, la voûte seule avait disparu; il s'est contenté de la reconstruire et d'y mettre un toit.

C'est ce que M. de la Borderie démontre, avec sa compétence ordinaire, dans une lettre adressée à l'*Hermine*, dont nous comptons du reste publier prochainement le texte intégral.

Le joli portail roman, « dont il ne reste plus rien aujourd'hui, » d'après M. Hallays, est le portail même de l'ancienne église, auquel il n'a pas été touché.

Le chemin de croix est l'œuvre d'un peintre distingué, Cabane; quant à la chaire, elle est la reproduction identique, trait pour trait, de la « chaire du lecteur » existant dans le réfectoire de l'abbaye, datant du XIV⁰ siècle. Cette chaire est du pur gothique; or, le rédacteur des *Débats* dit : « Elle est de style roman. Quelle camelote! » — Et nous, nous disons : Quelle bévue!

On peut juger par là de la valeur de ces critiques.

B. P.

(Journal de Rennes, numéro du 4 octobre 1897.)

La lettre de M. de la Borderie à M. Tiercelin ayant suscité, de la part de M. Hallays, une réponse où il ne fait que répéter son premier article, M. de la Borderie a publié la réplique qui suit :

La Ruinomanie.

M. de la Borderie nous adresse la lettre suivante, en réponse au second article de M. André Hallays, que nous avons publié mardi :

A Monsieur le Rédacteur du « Journal de Rennes. »

MONSIEUR LE RÉDACTEUR,

L'honorable M. Hallays me reproche, entre autres choses, un ton *rogue, discourtois, colère;* à l'appui de ces griefs, il ne cite rien — parce qu'il n'a rien à citer. Les lecteurs du *Journal de Rennes,* qui ont eu mon article sous les yeux, savent que ces reproches sont absolument injustes.

En revanche, voici un échantillon du style aimable et gracieux de M. Hallays, tiré de son article du 29 août dernier: — L'œuvre du digne recteur de Lehon est, selon lui, » une *pitoyable erreur,* d'un effet *saugrenu,* agrémentée d'un mobilier *épouvantable* qui n'est que de la *camelote;* enfin, en mettant une voûte sur son église (car c'est là tout son crime), il s'est montré atteint *d'une des plus sottes manies de notre époque.* » — Telle est la politesse de M. Hallays, qui se vante de n'avoir point la *discourtoisie* des archéologues, — lesquels ne se piquent pas, en effet, de posséder une *courtoisie* de ce genre.

M. Hallays prétend que je « méprise les critiques d'art. » Où a-t-il vu cela? Je n'ai même pas écrit ce mot dans mon article, et je n'ai pas soupçonné cette qualité chez M. Hallays. — Selon lui encore, j'aurais dit que « les provinciaux *n'ont pas besoin* de recevoir des leçons « de bon goût, même des docteurs les plus huppés. » Je n'ai rien écrit de pareil; je trouve vraiment M. Hallays trop généreux de me prêter ses propres pensées, et quand j'ai parlé de docteurs, je suis obligé de l'avouer, je ne songeais point à lui.

Il n'est, dit-il, qu'un « passant, » soit : j'ajoute un passant très spirituel mais très myope, à qui sa vue basse fait voir bien des choses de travers et en cache même un certain nombre tout à fait, mais qui n'en parle pas moins résolument de ce qu'il a mal vu.

Mon article dans l'*Hermine* (reproduit par le *Journal de Rennes)* n'avait d'autre but que de rectifier les inexactitudes dont le sien (du 29 août, dans les *Débats)* était pavé.

A l'entendre, le portail de l'église de Lehon *avait*

disparu, — la chaire était *romane,* — le chemin de croix
épouvantable, — pas un mot des vitraux, — enfin toute
l'église était un *pastiche,* une construction *toute neuve* et
toute blanche. Or, le portail roman est toujours là parfaitement intact, la chaire est ogivale, le chemin de croix
bien peint, les vitraux fort bons ; M. Hallays, aujourd'hui,
passe condamnation sur tout cela, mais il persiste encore
à répéter : « L'église est *toute neuve* et *toute blanche.* »

Je suis donc forcé de me répéter, moi aussi ; j'étais
dans cette église il y a deux jours ; malgré toutes les
assertions contraires, elle n'est ni *toute neuve* ni *toute
blanche.* Il y a *une voûte neuve, rien de plus;* voilà
la vérité, et cela est fort différent. Tous les murs, tout le
portail, toutes les colonnes, pilastres et chapiteaux,
toutes les fenêtres du xiiᵉ siècle, y compris tous les
meneaux, *sauf un seul* (je l'ai vérifié), tout cela est vieux,
on n'y a pas touché.

Elle n'est point non plus *toute blanche,* cette église
de Lehon. On ne l'a ni badigeonnée, ni peinte, ni grat-
tée ; on l'a seulement époussetée, parce que l'ordure,
après tout, ne saurait passer pour un objet d'art. Mais
on a laissé partout au granit sa teinte, ou plutôt ses
teintes naturelles, car il y en a de gris, de brun, de
bleuté, etc., et tout cela est visible à l'œil nu — pour qui
veut voir.

Après cela, je le demande, est-il sérieux de venir con-
ter au public que cette église est *toute neuve et toute
blanche?*

Mon honorable contradicteur aime les ruines, il n'est
pas seul à avoir ce goût. Mais lui, il ne veut que cela,
des ruines avant tout, des ruines partout! Un édifice qui
par accident perd sa toiture, si on le recouvre, c'est un
crime, parce qu'on l'empêche par là de devenir ruine.

Ceci, je me hasarde à le dire, c'est plus que le goût des ruines, c'en est la manie, — la *ruinomanie* si vous voulez. Manie bien innocente — soit; rare et distinguée — sans doute; que tout citoyen français peut cultiver librement — je n'y contredis pas.

Seulement, vouloir imposer cette manie à autrui, et si autrui ne s'y conforme pas absolument, le traiter avec cette *courtoisie* dont on a vu plus haut un échantillon, c'est peut-être aller un peu loin.

Agréez je vous prie, Monsieur le Rédacteur, l'expression de mes sentiments les plus distingués.

ARTHUR DE LA BORDERIE
Membre de l'Institut.

A propos de l'Église de Lehon.

« Un rédacteur des *Débats*, M. André Hallays, fut, un jour de septembre dernier, bien en peine de savoir avec quoi il pourrait bien faire de la « copie. » Une colonne de journal à remplir et rien d'intéressant à dire, cela n'était pas drôle... Mais M. Hallays ne fut pas longtemps embarrassé. Ayant parcouru cet été le pays dinannais et étant passé à Lehon, il avait visité l'église nouvellement inaugurée... « Si je *tombais* l'église et le recteur? » se dit-il. Aussitôt dit, aussitôt fait.

Quand nous lûmes, à l'*Union Libérale*, l'article de M. Hallays, nous n'y fîmes pas la moindre attention. Notre confrère y pataugeait dans son incompétence avec une telle sérénité — une sérénité toute parisienne — qu'on était désarmé d'avance. Mais d'aucuns se sont émus d'une malveillance qui ne tirait pourtant guère à

conséquence, et M. de la Borderie, entre autres, a cru
devoir prendre la défense de l'église et du recteur, si
gratuitement attaqués.

Nous citons ci-après un passage de la réponse de l'honorable membre de l'Institut, qui a eu tort, selon nous,
de faire tant d'honneur à un article ne valant pas d'être
pris au sérieux. »

(Suit un extrait de la lettre qui précède.)

(*Union Libérale*, numéro du 4 novembre 1897.)

Nous avons reçu, à l'occasion de l'article de M. Hallays, un assez grand nombre de lettres; pour en indiquer
le sens, nous nous bornerons à trois extraits :

1° De M. le docteur Duchesne, membre de l'Institut,
directeur de l'*École française* à Rome : « Mon cher
recteur... J'espère que vous n'avez pas été ému de la
boutade d'un dilettante dans le *Journal des Débats*. Cet
air de guitare s'entend souvent. Il semble que le monde
devrait être aménagé pour les rêves de quelques poètes
et non pour la vie des gens bien équilibrés. Laissez dire,
et jouissez d'une œuvre aussi méritoire que bien con-
duite... »

2° De M. le comte de Palys, président de la *Société
Archéologique d'Ille-et-Vilaine* : « Cher Monsieur...
Je viens d'achever la lecture des *Vitraux de Lehon*, et je
veux de suite vous faire mon sincère compliment, tant
sur l'artistique brochure que sur l'œuvre elle-même.
Celle-ci est au-dessus de toute louange, et vous avez
bien dû rire de l'ignorance de M. Hallays, et de sa
déconvenue, lors de la réplique si nette de M. de la Borderie... »

3° De M. Cabane, artiste peintre, qui a bien le droit de
dire son mot dans la question :

CABANE

ARTISTE PEINTRE

SECOND GRAND-PRIX DE ROME 1884

Récompensé au Salon 1886

MONSIEUR LE RECTEUR,

Je ne suis pas autrement ému de l'article en question;
je ne suis pas le seul visé. Ce critique n'a pas la moindre
idée des styles et de bien des choses. Je suis persuadé
qu'il n'est jamais allé visiter votre église; j'ai des
exemples d'articles dans ces conditions.

Je pense que vous êtes revenu de ces appréciations,
et qu'en ce moment vous êtes heureux de votre réussite.
J'ai entendu dire grand bien de votre œuvre. De mon
côté, je sais que j'ai exécuté un fort beau Chemin de la
Croix, avec toute la conscience d'un artiste; je suis donc
dans une tranquillité parfaite.

Veuillez agréer...

ÉDOUARD CABANE.

Le public a maintenant sous les yeux les pièces du
procès; nous nous en remettons bien volontiers à sa
décision.

Lehon, le 14 décembre 1897.

M. FOUÉRÉ-MACÉ,

Recteur de Lehon,
Chan. hon., ⊕.

Inscription commémorative de la Consécration de l'église, gravée sur une plaque de marbre, au côté droit de la nef.

L'an du Seigneur M DCCC XCVII, le VIIIe jour de Juillet,
Cette église bâtie à la fin du XIIe siècle, par Geoffroy de Corseul,
prieur de Lehon,
Restaurée grâce surtout aux généreux sacrifices des Frères de
Saint Jean de Dieu,
Sous la direction du F. Vincent de Paul,
A été consacrée par Mgr Dubourg, évêque de Moulins,
Et la messe a été célébrée par M. le chanoine Daniel, curé-archiprêtre
de Saint-Sauveur de Dinan,
Sous la présidence de Mgr Fallières, évêque de Saint-Brieuc et Tréguier,
En présence de Mgr Belmont, évêque de Clermont,
Du R^{me} P. Bernard, abbé de Thymadenc, des R.R. P.P. Daniel Vial, prieur,
Et Samuel Girard, sous-prieur de la Communauté des Religieux de
Saint Jean de Dieu,
De l'Asile des Sacrés Cœurs, et d'un grand concours d'ecclésiastiques
et de fidèles.

MEMBRES DE LA FABRIQUE :

MM. A. Jan, président, L. Nogues, secrétaire, E. Rolland, trésorier,
G. Baudry, H. Chapin, F. le Fer de la Gervinais, maire,
M. Fouéré-Macé, chan. hon. ✠ recteur.
850 — 1180 — 1884 — 1897.
LAUS DEO.

Imp. MARIE SIMON, R. JEFFRIDIT.

www.ingramcontent.com/pod-product-compliance
Lightning Source LLC
Chambersburg PA
CBHW052124090426
42741CB00009B/1940